CURSO DE ESPAÑOL PARA NIÑ
LIBRO DEL PROFESOR

LOLA y LEO 1

difusión

MARÍA MARTÍN
LAURA ZUHEROS

Autores
María Martín, Laura Zuheros

Revisión pedagógica
Agustín Garmendia, Pablo Garrido

Coordinación editorial y redacción
Clara Serfaty

Diseño y maquetación
La japonesa

Ilustraciones
Montse Casas (Ilustraciones Monsuros)

Corrección
Marta Martínez Falcón

Agradecimientos
Agnès Berja

difusión
Centro de Investigación y Publicaciones de Idiomas, S. L.

C/ Trafalgar, 10, entlo. 1ª
08010 Barcelona - España
Tel.: (+34) 932 680 300
Fax: (+34) 933 103 340
editorial@difusion.com

www.difusion.com

ISBN: 978-84-16347-89-6
Reimpresión: junio 2018
Impreso en España por Servinform

ÍNDICE

LOLA y LEO

CURSO DE ESPAÑOL PARA NIÑOS

LOLA y LEO es un método práctico y divertido en el que los niños y las niñas aprenden jugando y acercándose de manera significativa al mundo del español. Se trata de un manual basado en las necesidades, los intereses, las motivaciones y los gustos de los estudiantes, que tiene siempre en cuenta sus capacidades y estilos de aprendizaje.

La propuesta didáctica de LOLA y LEO se basa en el aprendizaje cooperativo y plantea actividades que fomentan la acción y, en ocasiones, el movimiento físico en el aula. Sus propuestas estimulan el desarrollo de las estrategias cognitivas, alientan la creatividad e integran diversas destrezas al tiempo que incorporan temas transversales como el individuo, la sociedad, el arte, la música o las matemáticas; todo ello con la intención de dotar al alumno de las herramientas necesarias para afrontar una nueva lengua y enriquecer sus experiencias y conocimiento del mundo.

Por otra parte, la calidad gráfica y visual de todos los componentes de Lola y Leo busca crear un espacio en el que los niños y las niñas puedan sentirse reflejados al tiempo que desarrollan sus capacidades de aprendizaje de una nueva lengua.

NOTA SOBRE EL TRATAMIENTO DEL MASCULINO Y EL FEMENINO EN LOLA y LEO :
Como herramienta para evitar una lectura farragosa y para facilitar a los estudiantes la comprensión de las instrucciones, en LOLA y LEO se ha optado por la utilización del masculino singular y el masculino plural genéricos en lugar de la opción de la barra separadora (el/la estudiante, los/las alumnos/as, el/la profesor/a...) sin que ello suponga ningún tipo de exclusión, omisión o rechazo.

EL MUNDO DE LOLA Y LEO

Lola y Leo son los protagonistas de nuestro manual. Lola es una niña española de ocho años que vive en Sevilla con su familia: Rosa, su madre; sus hermanos Curro y Pablo y su abuelo Pepe. Lola tiene un perro que se llama Piñata. Por su parte, Leo es mexicano, tiene diez años y vive en Puebla con su familia: sus padres Carlos y Lupe, su hermana Sara, sus abuelos Chavela y Felipe y su tío Calavera. Leo tiene un gato que se llama Jaleo. Carlos, el padre de Leo, es un español afincado en México y es el hermano de Rosa y, por tanto, tío de Lola. Lola y Leo son, así pues, primos.

Cada unidad de LOLA y LEO 1 se desarrolla alternativamente en Sevilla o en Puebla, excepto la UNIDAD 0, que está destinada a la presentación de ambas familias. Las relaciones familiares favorecen la interacción entre los protagonistas a lo largo del manual, que están en contacto constante (ya sea por teléfono o por otro medio de comunicación), y aportan al libro una coherencia y un hilo conductor sólido y positivo desde el punto de vista afectivo.

Asimismo, el origen de los protagonistas propicia el uso coherente de la variante lingüística española y la del centro de México, tanto en algunos audios como en el léxico utilizado a lo largo de las unidades. Este es el motivo por el que se han introducido varias palabras para designar un mismo objeto en casos como coche, ordenador o piso (España) y carro, computadora o departamento (México). El tratamiento de este léxico se ha trabajado de la siguiente manera: en los audios correspondientes a la familia de Leo, los protagonistas utilizan la variante mexicana propia del centro de México. A lo largo de estas unidades, este léxico convive con la variante española para ofrecer al profesor y a los estudiantes ambas posibilidades, enriquecer el vocabulario y reflejar la pluralidad de la lengua española.

EL LIBRO DEL PROFESOR

Este LIBRO DEL PROFESOR de LOLA y LEO 1 contiene:

- Una **guía pedagógica** detallada para llevar a clase cada una de las unidades y los apartados culturales del LIBRO DEL ALUMNO. Esta guía plantea un itinerario completo y eficaz para programar las sesiones en el aula, entender los materiales y sacar el máximo provecho en clase de los contenidos, las actividades y los juegos que propone el manual, ya que incorpora una gran variedad de propuestas pedagógicas.
- Dieciséis **fichas fotocopiables** que amplían numerosas actividades. A lo largo del manual, estas fichas están debidamente referenciadas y acompañadas de propuestas pedagógicas entretenidas y útiles.
- Las **transcripciones** del LIBRO DEL ALUMNO y del CUADERNO DE EJERCICIOS.
- Las **soluciones** del LIBRO DEL ALUMNO se incluyen a lo largo de la guía pedagógica, enmarcadas dentro de un cuadro gris. En cambio, las soluciones del CUADERNO DE EJERCICIOS están incluidas en un apartado anexo al final de este manual.
- Todas las unidades incluyen la referencia a cada una de las actividades del CUADERNO DE EJERCICIOS.

EL LIBRO DEL ALUMNO

Las unidades del LIBRO DEL ALUMNO de LOLA y LEO 1 se estructuran de la siguiente manera:

- **La página de entrada**. Cada unidad se abre con una ilustración a doble página representativa de los contenidos de la unidad. Incluye, además, una pista de audio con sonidos para activar los conocimientos previos de los alumnos.
- **Las lupas**. Las secciones CON LUPA 1, CON LUPA 2 y CON LUPA 3 trabajan los contenidos de la unidad. Cada sección CON LUPA se abre con una imagen que proviene de la ilustración principal y que se explota a través de un diálogo. Después, el estudiante practica leyendo, escuchando, representando, pintando, recortando, cantando... Las actividades colaborativas se presentan bajo el título Ahora tú . El apartado Un poquito más está pensado para ofrecer contenidos extra a la sección en la que está integrado.
- **Mis palabras**. Esta sección está destinada a trabajar el léxico de la unidad de manera focalizada y significativa a través de juegos, audios, actividades para colorear y un amplio etcétera de propuestas pedagógicas útiles y divertidas.
- **Gramática visual**. Esta sección está concebida para que los alumnos aprendan gramática de una manera clara, descriptiva y lúdica. El aprendizaje se refuerza mediante el uso de ilustraciones y de un código de color que se repite a lo largo de todo el manual con el objetivo de facilitar al estudiante la comprensión y el aprendizaje de los contenidos.
- **Sonidos**. Esta sección trabaja la fonética, la pronunciación y la escritura de las letras y sonidos más característicos del español.
- **Con las manos**. Esta sección cierra la unidad con una actividad manual pensada para hacer en clase.

Además de las unidades, el manual incluye:

- **Descubrir el mundo**. Tres apartados interculturales dedicados a la familia, la música, el baile, el arte, la comida y los animales. Cada una de estas secciones se presenta cada dos unidades de LOLA y LEO 1.
- **Material recortable**. Un anexo con material extra para realizar y dinamizar muchas actividades, indicadas todas ellas mediante el icono ✂ en el enunciado de la actividad.

CUADERNO DE EJERCICIOS

El CUADERNO DE EJERCICIOS de LOLA y LEO 1 contiene:

- **Las unidades**. Todas ellas presentan numerosas actividades individuales y grupales para practicar y ampliar los contenidos del LIBRO DEL ALUMNO.
- **Los juegos**. Cada dos unidades se ofrece un juego de repaso gramatical y léxico. De esta manera, los estudiantes aprenden, repasan y juegan al mismo tiempo que consolidan los contenidos trabajados en clase.
- **El glosario**. Un apartado concebido como diccionario visual y espacio de consulta que recoge las palabras más significativas de cada unidad. Además, está concebido como un espacio de trabajo en el que el alumno tiene la oportunidad de escribir todo el vocabulario en su propia lengua.
- **Material recortable**. Un anexo con material extra para realizar y dinamizar muchas actividades, indicadas todas ellas mediante el icono ✂ en el enunciado de la actividad.

El objetivo de la doble página de entrada es presentar a los personajes protagonistas del libro, Lola y Leo, junto a sus respectivas familias, así como familiarizarse con el abecedario español.

Tenga en cuenta que esta es una unidad preparatoria en la que los estudiantes se enfrentarán a una cantidad considerable de información nueva proveniente tanto del libro como del profesor. Por lo tanto, es un buen momento para que el docente analice los conocimientos previos con los que cuentan los estudiantes del español y del mundo hispanohablante.

ANTES DE...

Dé la bienvenida a los estudiantes saludándolos con la mano y diciendo **¡Hola!** a cada uno de ellos. Asegúrese de que comprenden el significado intercalando algún saludo equivalente en su lengua si cree que es necesario y anímelos a que le devuelvan el saludo en español.

A continuación, preséntese diciendo: **Me llamo...** Escriba la frase y su nombre en la pizarra y después pregunte el nombre a sus alumnos. Utilice para ello la frase en español **¿Cómo te llamas?** y escríbala en la pizarra. Uno por uno, anime a sus estudiantes a decir su nombre: **Me llamo...**

Después, señale a Lola y a Leo en la cubierta del libro y pronuncie despacio sus nombres para presentarlos y para que los estudiantes se vayan familiarizando con los protagonistas. A continuación, escriba en la pizarra la palabra **familia**. Puede ser que los estudiantes intuyan el significado por la similitud de la palabra con la de su lengua materna u otras lenguas extranjeras que estudien. En el caso contrario, acláreles el significado. Después, explíqueles que van a conocer a la familia de Lola y Leo e invítelos a abrir el manual por la página 8.

ILUSTRACIÓN

Centre la atención de sus alumnos en la ilustración y vaya formulando preguntas para ayudarlos a conocer a los personajes. Como se trata de la primera toma de contacto, utilice gestos, mímica o palabras similares a las de la lengua materna de los estudiantes, a otra lengua vehicular que conozcan o recurra a la propia lengua de los estudiantes si cree que es necesario. El objetivo es introducirlos poco a poco en el tema y conocer a los protagonistas del libro sin preocuparse todavía por la producción en español.

A continuación, se ofrecen posibles preguntas que puede hacer en el aula:

- ¿Con quién vive Lola?
- ¿Tiene mascota?
- ¿Es grande la familia de Leo?
- ¿Leo tiene hermanos?

Luego, dirija la atención de los alumnos al nombre de cada familia. Explíqueles que en el mundo hispanohablante cada persona tiene dos apellidos: tradicionalmente, el primero es el apellido paterno y el segundo el materno, aunque en la actualidad es posible que sea al revés o que los dos apellidos sean de un solo progenitor en las familias monoparentales.

Comente además que la familia Martín Sandoval es española y que la familia Sandoval Rico es mexicana, aunque entre ambas existen relaciones familiares (Carlos y Rosa son hermanos, por lo tanto, Lola y Leo son primos). Si lo considera oportuno, cuando presente a la familia Sandoval Rico, puede mencionar que el Tío Calavera es un personaje de ficción que simboliza un aspecto importante de la cultura mexica. Si desea ampliar este aspecto o celebrar con sus alumnos el Día de Muertos, a continuación encontrará algunas recomendaciones de música, cortometrajes y películas:

- *Las calaveras salen de su tumba, chumbala cachumbala* (canción animada)
- *Día de los muertos*, de Whoo Kazoo (corto animado)
- *Coco* (2017)
- *Hotel Transilvania 2* (2015)
- *El libro de la vida* (2014)
- *La leyenda de las momias de Guanajuato* (2014)
- *Monster High Escape de la Isla Calavera* (2012)
- *La leyenda de la Llorona* (2011)
- *La leyenda de la Nahuala* (2007)

Después, vaya leyendo despacio y pronunciando claramente el nombre de cada uno de los personajes al tiempo que los señala. Anímelos a repetir los nombres de forma coral para que, poco a poco, vayan habituándose también a la pronunciación. Por último, organice la clase por parejas, reproduzca las pistas 1 y 2 y pídales que vayan señalando los personajes a medida que los escuchen.

Puede retomar estas pistas de audio más adelante, cuando los niños estudien el abecedario. Aunque la familia de Leo es mexicana (excepto su padre, Carlos), en el deletreo se ha optado por homogeneizar y denominar **uve** a la letra **v** en lugar de **ve chica**.

1. ESCUCHA Y HABLA. ¿ES ESPAÑOL? ¿SÍ O NO?

Centre la atención de sus estudiantes en la imagen y explíqueles que van a escuchar saludos y otras palabras en diferentes idiomas y que tienen que decir si lo que oyen es español o no. Es el momento ideal para enseñarles **sí** y **no** en el caso de que todavía no conozcan estas palabras. Reproduzca la pista 3 y vaya realizando la corrección. Puede ir pausando el audio para dar un poco más de tiempo a los estudiantes a responder o, si los alumnos reconocen alguna de las expresiones en otros idiomas, invítelos a decir qué significan y en qué lengua están. Si cuenta con un grupo multilingüe y la lengua materna de alguno de los estudiantes no está recogida en la actividad, anímelo a enseñar un saludo en su lengua al resto de sus compañeros.

Solución

- Willkommen: No ("Bienvenidos" en alemán)
- Hello: No ("Hola" en inglés)
- Buenos días: Sí
- Merci: No ("Gracias" en francés)
- Hola: Sí
- Bonjour: No ("Hola" o "Buenos días" en francés)
- Nein: No ("No" en alemán)
- Xièxie: No ("Gracias" en chino)
- Goodbye: No ("Adiós" en inglés)
- Adiós: Sí
- Arigatō: No ("Gracias" en japonés)
- Español: Sí

- Thank you: No ("Gracias" en inglés)
- Até logo: No ("Hasta luego" en portugués)
- Arrivederci: No ("Hasta luego" en italiano)
- Nǐ hǎo: No ("Hola" en chino)
- Bienvenidos: Sí

2. ESCUCHA Y REPITE

Explique a sus alumnos que van a escuchar algunas palabras en español y que tienen que estar muy atentos a la pronunciación para repetirlas. Tenga en cuenta que las palabras que van a escuchar contienen letras de pronunciación compleja, como la **jota**, la **eñe** o la **erre**, entre otras.

Reproduzca la pista 4 y pida a sus alumnos que repitan las palabras a coro; una vez que las hayan trabajado en grupo, anímelos a que las vayan repitiendo de manera individual (por turnos). Con la repetición individual de estas palabras puede detectar mejor qué sonidos les resultan más difíciles de pronunciar a cada uno de sus alumnos, lo que le facilitará prestar especial atención a partir de este momento para ayudarlos, poco a poco, a solventar sus dificultades.

Tenga en cuenta que en este punto de la secuencia el objetivo es que los estudiantes se familiaricen con la fonética del idioma, sin prestar todavía atención al significado.

3. DIBUJA

Centre la atención de sus alumnos en las imágenes de la actividad y explíqueles que son las banderas de los países de Lola (España) y Leo (México). A continuación, anímelos a dibujar la bandera de su país en el cuadro blanco y aproveche para enseñarles cómo se dice el nombre de su país en español. Si hay diferentes nacionalidades en la clase, puede realizarse la misma actividad en un folio en blanco para pegar las banderas con el nombre de sus respectivos países en español en las paredes del aula.

Una vez trabajados los países representativos de la clase, remita a sus estudiantes al apartado UN POQUITO MÁS de la página 11 para introducir las nacionalidades. Centre la atención de sus alumnos en los comentarios de Lola y Leo y escriba en el centro de la pizarra **Soy**. Pida a una niña y a un niño del grupo que se sitúen uno a cada lado de la pizarra y dibuje bocadillos de diálogo. Escriba en ellos la nacionalidad de los alumnos en masculino y femenino marcando la terminación para que los estudiantes observen la diferencia. Repita la misma dinámica si en la clase hay alumnos de diferentes nacionalidades. Por turnos, haga que los estudiantes digan su nacionalidad acompañada del verbo **ser** en primera persona del singular. Puede pedirles que se señalen a sí mismos con el dedo, como hacen Lola y Leo, para hacer énfasis en el **yo**.

Cuando los estudiantes hayan asimilado la forma, pase a introducir la tercera persona del singular. En esta ocasión, escriba en la pizarra **Es**. Señale los personajes del libro y diga: **Lola es española**; **Leo es mexicano**. A continuación, anímelos a decir la nacionalidad de su compañero de la derecha y trate de que respeten el masculino y el femenino en la medida de lo posible.

Cuaderno de ejercicios
Actividad 6

4. MIRA, BUSCA Y SEÑALA EN EL MAPA

Centre la atención de sus alumnos en los mapas de España y México y plantéeles algunas preguntas. Tenga en cuenta que a estas alturas de curso es muy difícil que pueda comunicarse en español con sus estudiantes. No se preocupe si acude a la lengua vehicular de sus alumnos, ya que, en este punto, lo verdaderamente importante es introducirlos en el tema para presentar y contextualizar la realidad de los protagonistas del libro, Lola y Leo. Si lo cree conveniente, puede plantearles las siguientes preguntas:

1. ¿Cómo se llaman los países que hay en el mapa?
2. ¿Dónde están?
3. ¿Conocéis el nombre de algunas ciudades?
4. ¿Conocéis algunos monumentos?
5. ¿De qué color son las banderas de España y México?

Propuesta de solución

1. España y México.
2. En Europa y América (o América Central).
3. España: Sevilla, Valencia, Barcelona, Madrid, Bilbao... México: Puebla, Ciudad de México, Cancún, Chihuahua...
4. España: la Giralda de Sevilla, el acueducto de Segovia, la Sagrada Familia... México: la pirámide del Sol (Teotihuacán), el templo de Kukulcán (Chichén Itzá)...
5. La bandera de España es roja y amarilla y la de México es verde, blanca y roja.

Después, anímelos a que localicen y señalen algunos lugares y personajes. Si lo cree conveniente, puede enseñarles la palabra **aquí** antes de formular las preguntas para que la usen cada vez que encuentren alguno de los personajes o lugares que usted va nombrando. Organice la clase por parejas y pregúnteles:

- ¿Dónde está Lola?
- ¿Dónde está Sevilla?
- ¿Dónde está Piñata?
- ¿Dónde está Leo?
- ¿Dónde está Puebla?
- ¿Dónde está Jaleo?

Propuesta de solución

- Lola está en Sevilla.
- Sevilla está en el sur de España.
- Piñata está en el norte de España, cerca de la Sagrada Familia y de las montañas.
- Leo está en Puebla.
- Puebla está en México.
- Jaleo está cerca de Ciudad de México y de Frida Kahlo.

A continuación, siga preguntando:

- ¿Por qué Lola está en Sevilla?
- ¿Por qué Leo está en Puebla?
- ¿Y Piñata y Jaleo por qué están más lejos, en otros lugares?

Propuesta de solución

- Lola vive en Sevilla. Es española.
- Leo vive en Puebla. Es mexicano.
- Piñata y Jaleo son muy traviesos y se han escondido.

Continúe trabajando con los mapas y, en esta ocasión, plantee a sus alumnos cuestiones más generales, como las siguientes:

1. ¿España tiene mar? ¿Y playa?
2. ¿Y México también tiene mar y playa?
3. ¿A qué país pertenecen las islas? ¿Cómo se llaman?
4. ¿Qué comidas aparecen en los mapas?
5. ¿E instrumentos musicales?
6. ¿Qué otros elementos hay?

Propuesta de solución

1. Sí, España tiene mar y playa.
2. México también tiene mar y playa.
3. Las islas Canarias pertenecen a España.
4. En el mapa de España hay arroz, uvas, un bocadillo, paella, limones, naranjas y fresas. En el mapa de México hay tacos, mango, pescado, sandía, una piña, mermelada, mantequilla y café.
5. En España hay una guitarra, un tambor, unas maracas y unas castañuelas y en México hay una guitarra.
6. En España hay libros, montañas, un molino, Don Quijote y Sancho, edificios, fuentes, un caballo y un gato. En México hay una rana, un gato, peces, árboles, cactus, Frida Kahlo, fuentes, una piñata, sombrillas, casas y un teléfono móvil.

Cuaderno de ejercicios
Actividad 5

UN POQUITO MÁS

En esta sección los estudiantes aprenderán a hablar de la nacionalidad. Es importante que cada alumno sea capaz, en este punto de la secuencia, de decir su nombre y su nacionalidad y que conozca algunos nombres de nacionalidades y de países diferentes.

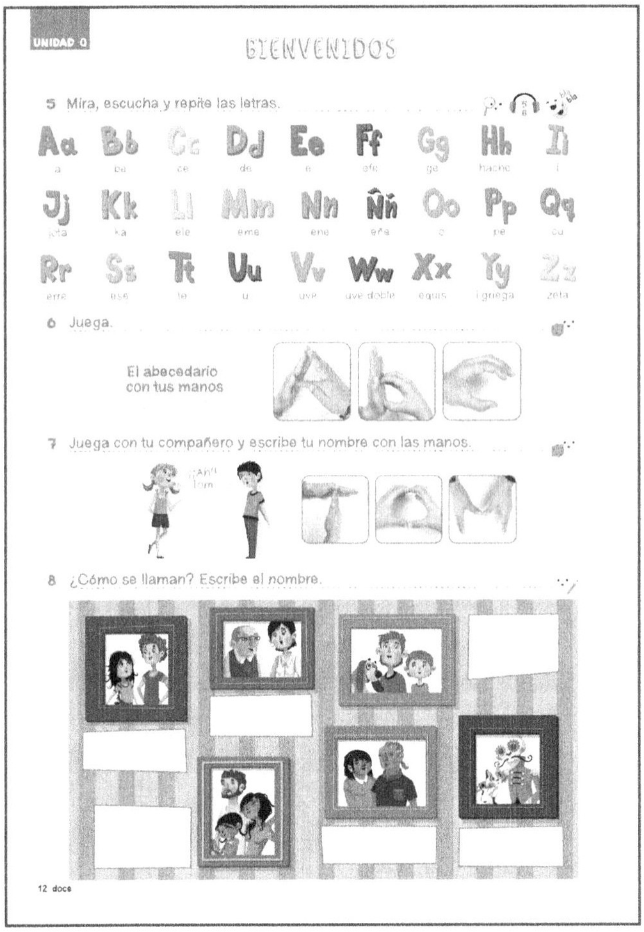

5. MIRA, ESCUCHA Y REPITE LAS LETRAS

Fije la atención de sus alumnos en el abecedario: anímelos a observar las letras y a marcar las que sean diferentes en su alfabeto. Dependiendo del origen de sus estudiantes puede ocurrir que su alfabeto de origen sea completamente diferente al alfabeto español. En ese caso, evite la pregunta y pase directamente a explicarles que van a escuchar cómo se llaman todas las letras en español. Reproduzca la pista 5 y anímelos a repetirlas.

Después, dígales que van a volver a repetir las letras, pero esta vez con una canción: *La canción del abecedario*. Anímelos a levantarse de las sillas y a bailar mientras escuchan la canción. Si cuenta con los medios necesarios, utilice el vídeo animado del abecedario de Lola y Leo. Lo encontrará en **lolayleo.difusion.com** o **campus.difusion.com** o en la siguiente página de YouTube: https://www.youtube.com/watch?v=pOAg2nSbb9o.

Una vez que los estudiantes hayan repasado varias veces el abecedario, remítalos de nuevo a la página 8 y reproduzca una vez más las pistas 1 y 2, en las que los miembros de las dos familias deletrean su nombre. Vaya pausando el audio para que los alumnos deletreen los nombres de los personajes tras escucharlos. A continuación, aproveche para introducir el verbo **llamarse** en tercera persona del singular. Escriba en la pizarra **Se llama**... y anime a los estudiantes a elegir a un personaje, decir su nombre y deletrearlo. Haga varias rondas para que todos los niños tengan la oportunidad de participar. Para terminar, pregunte a los alumnos por el nombre de sus compañeros de clase y pídales que lo deletreen si lo considera necesario.

Cuaderno de ejercicios
Actividades 2 y 4

6. JUEGA

En grupo clase, anime a los estudiantes a representar las diferentes letras del abecedario con sus manos. Es interesante que se establezcan los mismos gestos para todo el grupo, ya que la conexión de las letras con las formas y movimientos ayudará a los niños a recordarlas mejor, especialmente a aquellos con un estilo de aprendizaje más cinestésico. Para ello, remita a sus estudiantes a la página 53 del GLOSARIO del CUADERNO DE EJERCICIOS, donde encontrarán el abecedario completo representado mediante gestos. Anímelos a practicarlo en parejas o pequeños grupos.

Cuaderno de ejercicios
Actividad 3

7. JUEGA CON TU COMPAÑERO Y ESCRIBE TU NOMBRE CON LAS MANOS

Una vez que sus estudiantes hayan practicado el abecedario con las manos, anímelos a deletrear su nombre siguiendo el mismo método. Para aumentar la dificultad de la actividad, organice a sus alumnos por parejas y anímelos a representar otras palabras con las manos, como los nombres de los personajes del libro; el compañero deberá adivinarla. Si opta por esta opción, tenga en cuenta que el léxico de los estudiantes es aún muy limitado.

Cuaderno de ejercicios
Actividades 7 y 8

8. ¿CÓMO SE LLAMAN? ESCRIBE EL NOMBRE

Anime a los alumnos a observar las fotografías de las familias presentadas en la unidad, organícelos por parejas y pídales que escriban el nombre de las personas que aparecen en las imágenes. Solicite voluntarios para realizar la corrección en la pizarra. Puede adaptar esta actividad de escritura al nivel y la capacidad de sus alumnos. Los más pequeños o aquellos que tengan un ritmo más lento pueden escribir únicamente el nombre, mientras que otros estudiantes quizá sean capaces de producir pequeñas frases como **Se llama Pepe**.

Cuaderno de ejercicios
Actividad 1

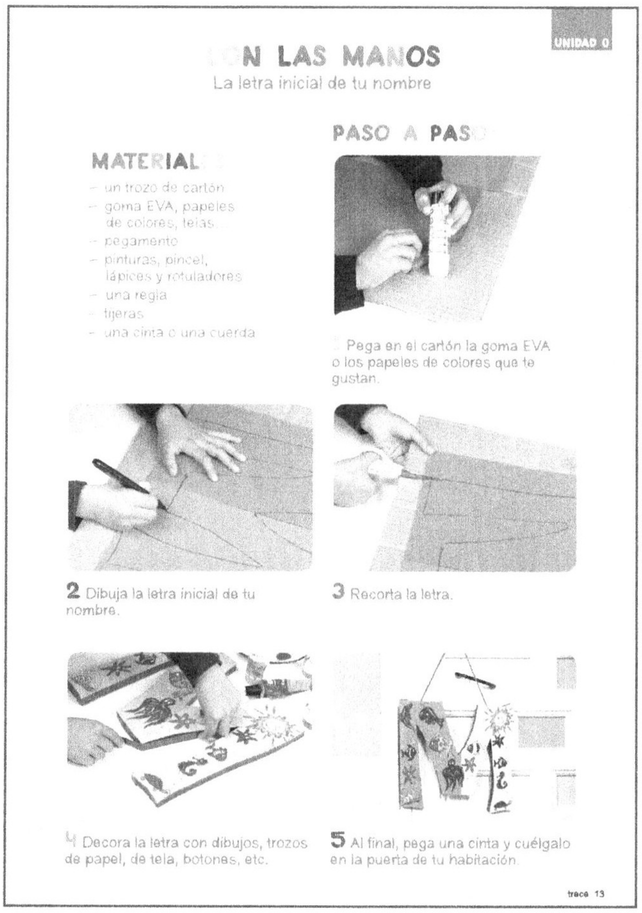

UNIDAD 0

CON LAS MANOS

La letra inicial de tu nombre

MATERIALES

- un trozo de cartón
- goma EVA, papeles de colores, telas...
- pegamento
- pinturas, pincel, lápices y rotuladores
- una regla
- tijeras
- una cinta o una cuerda

PASO A PASO

1 Pega en el cartón la goma EVA o los papeles de colores que te gustan.

2 Dibuja la letra inicial de tu nombre.

3 Recorta la letra.

4 Decora la letra con dibujos, trozos de papel, de tela, botones, etc.

5 Al final, pega una cinta y cuélgalo en la puerta de tu habitación.

trece 13

CON LAS MANOS
La letra inicial de tu nombre

Explique a los alumnos que van a crear y decorar la primera letra de su nombre.

En una sesión anterior, recuerde pedir a los alumnos que lleven a clase todo el material necesario para la realización de la actividad. Es recomendable que usted prepare su propia letra inicial y lleve el resultado al aula a modo de ejemplo.

En la fase de preparación, lea con sus estudiantes los materiales que van a necesitar para la elaboración de la letra y resuelva las dudas de vocabulario que puedan surgir. Para ello, puede ayudarse de la secuencia de imágenes que acompañan el desarrollo de la manualidad.

Una vez preparado el material, anime a sus alumnos a que miren las fotos para que vayan descubriendo el proceso que van a seguir. Tenga en cuenta que cada niño tiene que escribir la primera letra de su nombre en goma EVA y luego recortarla; por lo tanto, trate de estar atento a las dificultades que puedan surgir y asegúrese de que cada niño escribe su inicial correctamente. Durante la realización de la actividad, pasee por la clase y ayude a sus estudiantes en lo que necesiten. Anímelos a ser creativos y a decorar la letra con los elementos, colores o animales que más les gusten.

El objetivo de la doble página de entrada es introducir el tema de la unidad y activar los conocimientos previos de los estudiantes a través de la ilustración y del audio que la acompaña.

ILUSTRACIÓN

Pida a sus estudiantes que abran el manual por la página 14 y anímelos a observar con detenimiento la imagen. Pregúnteles: **¿Qué personajes conocéis?** En la UNIDAD 0 ya se ha presentado a Lola y a su familia, por lo que lo esperable es que reconozcan a Lola, a Piñata, a Pepe, a Rosa, a Pablo y a Curro, que está dentro de la panadería. En el caso contrario, remítalos a la ilustración de la página 8 y ayúdelos a refrescar sus nombres.

A continuación, comente a sus estudiantes que van a escuchar un audio y anímelos a que, por parejas, relacionen los sonidos que escuchan con los elementos que ven en la imagen. Reproduzca la pista 7 y, después, resuelva las dudas de vocabulario que le vayan planteando sus estudiantes.

Propuesta de solución

- gatos
- bicicletas
- campanas
- gente hablando
- gente caminando
- niños jugando
- un perro
- una pelota

Si lo considera oportuno, proponga a sus estudiantes ampliar el vocabulario de la ilustración. Tenga preparados pósits pequeños, repártalos entre sus estudiantes y anímelos a observar de nuevo la imagen. A continuación, pídales que vayan pegando los pósits sobre los objetos que les gustaría poder decir en español. Pasee por la clase y vaya dando ese vocabulario.

Para terminar, recuérdeles que la escena se desarrolla en una plaza de Sevilla, la ciudad donde vive Lola. Si lo estima oportuno, aproveche para mostrarles algunas fotografías de la ciudad. Para ello, puede consultar la siguiente página web, en la que encontrará una amplia variedad de fotografías de la ciudad: http://www.minube.com/fotos/sevilla-c1265.

CON LUPA 1

El objetivo de esta sección es que los alumnos aprendan diferentes formas de saludar y de despedirse en español.

1. MIRA Y ESCUCHA

Anime a los estudiantes a que se fijen en la imagen y pregúnteles con quién creen que están hablando Pablo y su madre. Escriba la palabra **cartero** en la pizarra y asegúrese de que todos comprenden el significado. Después, pregúnteles qué tiene el cartero en la mano y escriba en la pizarra la palabra **carta**. A continuación, pregúnteles de dónde creen que puede venir la carta que les entrega el cartero a Pablo y a Rosa y dígales que van a escuchar un audio para tratar de averiguarlo. Reproduzca la pista 8.

Solución

La carta la envía Leo desde México.

Antes de realizar una segunda escucha, trabaje con sus estudiantes en los conceptos de **saludo** y **despedida**. Para asegurarse de que comprenden la diferencia, ponga algunos ejemplos en el idioma de sus alumnos y remítalos de nuevo a la página 14. Anímelos a que lean el título de la unidad (¡HOLA!) y pregúnteles si es un saludo o una despedida. Aclárelo con ellos y dígales que van a volver a escuchar el audio. En este caso, pídales que levanten la mano cada vez que escuchen **hola** (lo escucharán en dos ocasiones); reproduzca de nuevo la pista 8. Para terminar, pregúnteles si han reconocido alguna despedida (podrían reconocer **adiós**, puesto que han escuchado la palabra en la UNIDAD 0), pero tenga en cuenta que, en la actividad siguiente, se trabajarán más profundamente los saludos y las despedidas.

2. ESCUCHA Y REPITE

Antes de escuchar la pista 9, centre la atención de sus alumnos en el cuadro UN POQUITO MÁS. En este punto de la secuencia sus estudiantes ya conocen **hola**, por lo que puede introducir otras formas de saludar. Anímelos a observar las imágenes que hay junto a los saludos (**¡Buenos días! ¡Buenas tardes! ¡Buenas noches!**) para determinar en qué momento del día se usa cada uno de ellos. Asegúrese de que todos los estudiantes comprenden su significado y las imágenes que los acompañan. Para favorecer la comprensión, puede hacer referencia a un reloj y a los horarios aproximados en los que suele usarse cada saludo.

A continuación, trabaje con las preguntas **¿Cómo estás?** y **¿Qué tal?** Responda usted mismo **bien**, **regular** y **mal** y acompañe cada respuesta con un gesto para facilitar la comprensión. Si lo desea, puede consultar previamente algunos de los gestos que se utilizan en la página 11 del CUADERNO DE EJERCICIOS para mantener la coherencia en las señas a lo largo de todo el manual.

Reproduzca la pista 9 y, tras escucharla, pregunte a sus estudiantes qué saludos han utilizado Pablo, Rosa y el cartero en la grabación.

Solución

- Buenos días
- Hola

Una vez que los hayan repasado en clase abierta, reproduzca de nuevo la pista 9 y anímelos a ir repitiendo las frases de cada uno de los personajes. Si lo estima necesario, puede ir pausando el audio después de cada frase para dar un poco más de tiempo a los alumnos para reproducirlas. Puede pedirles que las repitan a coro o de manera individual (por turnos), dependiendo del número de estudiantes que haya en la clase o del nivel de ansiedad que les pueda generar repetir las frases uno por uno.

3. ESCUCHA Y SEÑALA

Explique a sus alumnos que van a escuchar tres situaciones en las que aparecen personas saludándose o despidiéndose. Anímelos a observar las imágenes y a que comenten qué relación puede haber entre ellas. Lo esperable es que respondan a las preguntas en su propia lengua, pues es poco probable que conozcan las palabras en español. En ese caso, ayúdelos enseñándoles las palabras que seguramente mencionarán en su lengua materna:

A. Vecinos B. Vendedor y cliente C. Amigos

A continuación, reproduzca las pistas 10, 11 y 12 y anime a sus alumnos a que relacionen cada diálogo con su imagen correspondiente.

Solución
- Pista 10: imagen C
- Pista 11: imagen A
- Pista 12: imagen B

4. AHORA TÚ. LEE Y REPRESENTA

En primer lugar, pida a sus alumnos que lean de forma individual los tres diálogos. A continuación, organice a los estudiantes por parejas y pídales que representen las tres situaciones. Para sacar el máximo provecho de la actividad, anímelos a que teatralicen los diálogos utilizando voces de niño pequeño o de persona mayor, voces masculinas y femeninas, y trabaje con ellos la entonación.

Cuaderno de ejercicios
Actividades 2, 3, 4 y 5

UN POQUITO MÁS

Este apartado introduce diferentes formas de saludar, así como las preguntas **¿Cómo estás?** y **¿Qué tal?** Se recomienda introducir el contenido durante la realización de la actividad 2.

Para cerrar la sección CON LUPA 1, organice a sus estudiantes por parejas y anímelos a crear y representar sus propios diálogos con todos los recursos que han visto hasta ahora a lo largo de la unidad. Para ello, pídales que busquen diferentes combinaciones de saludos y despedidas, como en el ejemplo siguiente:

- Buenas noches, Lola.
- Buenas noches, mamá. ¡Hasta mañana!

Para ayudar en la representación, recuérdeles que teatralicen las voces y remítalos, una vez más, a la actividad 4 del CUADERNO DE EJERCICIOS en la página 11. Aproveche para recuperar los gestos que han aprendido para expresar algunos saludos y despedidas. De este modo, los diálogos serán más dinámicos y motivadores.

CON LUPA 2
UNIDAD 1
5 Mira y escucha.

6 Escucha y repite.
7 Lee.

8 Ahora tú Recorta, representa y juega con tu compañero.

Un poquito más
¿Cómo estás? ¿Cómo te llamas? ¿Qué tal?
diecisiete 17

CON LUPA 2

El objetivo de esta sección es aprender a presentarse y preguntar el nombre de otra persona.

5. MIRA Y ESCUCHA

Pida a sus estudiantes que observen la imagen y anímelos a responder a las siguientes preguntas: **¿Con quién está Lola?**; **¿Dónde están Lola y su abuelo?** Lo más esperable es que respondan **bar** o **cafetería** en su lengua materna. Escriba en español las palabras en la pizarra.

Después, trabaje más profundamente el vocabulario que se ve en la imagen para preparar la escucha. Para ello, escriba en la pizarra la palabra **helado**, asegúrese de que comprenden el significado y pida a sus estudiantes que lo señalen en la imagen. Pregúnteles de qué sabores les gustan los helados y escriba sus respuestas en español en la pizarra. Asegúrese de que nombran **helado de fresa**, pues lo escucharán en el diálogo. Aproveche la ocasión y escriba también en la pizarra la palabra **heladería**, confirme que comprenden qué significa y señale la relación entre ambas palabras: **helado/heladería**. Después, pregunte a sus estudiantes: **¿Qué bebe el abuelo de Lola?** Y escriba en la pizarra la palabra **café** junto a **cafetería** (que ya habrá escrito antes). Una vez más, asegúrese de que comprenden el significado y, por último, anímelos a que digan en su lengua quién es el otro personaje que se ve en la imagen. Escriba en la pizarra **camarero**, para que conozcan la palabra en español.

Después, explique a sus alumnos que van a escuchar un audio y que tienen que anotar las preguntas que hace el camarero para conocer el nombre de Piñata y de Lola. Si cree que sus estudiantes no tienen todavía el nivel suficiente para escribir las preguntas, ayúdelos anotando el principio de cada una en la pizarra (**¿Cómo se...? ¿Cómo te...?**). Compruebe sus respuestas y, para asegurarse de que comprenden el significado y la diferencia entre ambas cuestiones, haga una ronda de preguntas por la clase: **¿Cómo te llamas?**; **¿Cómo se llama?**

6. ESCUCHA Y REPITE

Reproduzca la pista 14 y anime a sus estudiantes a que repitan las frases que escuchan. Si lo estima necesario, puede ir pausando el audio después de cada frase para dar un poco más de tiempo a los alumnos a reproducirlas. Puede pedirles que las repitan a coro o de manera individual (por turnos), dependiendo del número de estudiantes que haya en la clase o del nivel de ansiedad que les pueda generar repetir las frases uno por uno.

7. LEE

Explique a sus estudiantes que van a leer un diálogo entre Lola y el camarero. Tenga en cuenta que esta actividad está pensada como espacio personal de reflexión para el estudiante. Anímelos a que lean el diálogo de manera individual y a que lo escriban en su cuaderno en su propia lengua. Pasee por la clase, resuelva las dudas que puedan ir surgiendo y asegúrese de que todos sus alumnos comprenden el diálogo.

8. AHORA TÚ. RECORTA, REPRESENTA Y JUEGA CON TU COMPAÑERO

Remita a sus alumnos a la página 69, donde encontrarán el material recortable necesario para realizar esta actividad. Pida a los estudiantes que recorten y coloreen los cuatro personajes y lea con ellos los nombres. Después, remítalos a la página 17 y lean el diálogo entre Superñam y su amiga. Aproveche este momento para fijar su atención en el apartado UN POQUITO MÁS, donde se recopilan las preguntas de interacción oral que los estudiantes han aprendido a lo largo de la unidad para dirigirse a otra persona e interesarse por su estado o preguntar su nombre (**¿Cómo estás?**; **¿Cómo te llamas?**; **¿Qué tal?**).

Una vez repasadas estas preguntas, anime a sus estudiantes a que jueguen con los personajes que han recortado y coloreado siguiendo el modelo de la actividad. Para que resulte más motivador, puede sugerirles que inventen ellos mismos los nombres de los personajes y pedirles que se los deletreen a sus compañeros para refrescar el abecedario.

UN POQUITO MÁS

Este apartado recopila las preguntas de interacción oral que los estudiantes han aprendido a lo largo de la unidad.

Aproveche esta ocasión para trabajar en clase la apertura y cierre de los signos de interrogación. Para ello, fije la atención de sus estudiantes en los dos símbolos que aparecen en la parte superior del cuadro (**¿?**) y escríbalos en la pizarra. Pregúnteles si en su lengua se utilizan uno o dos símbolos y explíqueles que, en español, es obligatorio usarlos cuando empieza y cuando termina cada pregunta. Anímelos a ponerlo en uso en la actividad 8 del CUADERNO DE EJERCICIOS, en la página 12. Tenga en cuenta que en esta actividad también se practican los signos de exclamación, por lo que sería conveniente recordar en grupo clase algunos de los saludos que han aprendido a lo largo de la unidad y dejar claro que estos símbolos también son dobles (**¡!**).

Cuaderno de ejercicios
Actividad 8

CON LUPA 3

El objetivo de esta sección consiste en que los estudiantes sean capaces de preguntar por objetos e identificarlos.

9. MIRA Y ESCUCHA

Pida a sus alumnos que observen la imagen y pregúnteles: **¿Dónde creéis que está Curro?** Seguramente le responderán en su lengua que está en una **panadería** o en una **pastelería**. Dé por buenas ambas respuestas y escriba las palabras en español en la pizarra. A continuación, escriba **pan** al lado de **panadería** y **pastel** junto a **pastelería** y asegúrese de que comprenden el significado. Pregúnteles: **¿Qué tiene Curro en la mano?** Y escriba la palabra **piruleta** en la pizarra.

Tenga en cuenta que en la sección CON LUPA 1 ya trabajaron el concepto de **vendedor** (en este caso **vendedora**) y **cliente**, por lo que puede ayudarlos a refrescar las palabras y, si lo estima oportuno, puede aprovechar también para introducir los conceptos de **panadero** y **panadera**.

Antes de poner el audio, sería recomendable presentar los colores. Para ello, pegue en la pizarra o en las paredes del aula cartulinas de colores (los mismos que se trabajan a lo largo de la unidad). Tenga preparadas también tarjetas con el nombre de cada color impreso en letras del mismo tono. A continuación, pida a los niños que, por turnos, cojan una tarjeta, la lean en voz alta y la peguen al lado de su color. El resto de los estudiantes deberá repetir el nombre del color de forma coral.

Una vez realizada la presentación de los colores, vaya diciendo algunos al azar; los niños tendrán que moverse por el aula para tocar algo de ese color. Después de que haya realizado usted algunos ejemplos, puede pedir que sean los niños los que, por turnos, vayan diciendo un color para que los compañeros busquen objetos del mismo tono.

A continuación, dígales que van a escuchar a Curro y a la vendedora en la panadería y que tienen que intentar descubrir qué va a comprar Curro y de qué color es. Reproduzca la pista 15 y compruebe sus respuestas.

Solución
Curro va a comprar una piruleta naranja.

10. ESCUCHA Y REPITE

Antes de comenzar esta actividad, sería recomendable hacer referencia al apartado UN POQUITO MÁS y explicitar las formas para **pedir** y **agradecer** de manera educada, ya que lo trabajarán a lo largo de la audición. Lea con sus estudiantes el diálogo del apartado, asegúrese de que comprenden el significado y anímelos a que trabajen el contenido en parejas. Reparta caramelos entre sus estudiantes, adjudique el papel de vendedor y cliente a cada uno y pídales que representen la situación pidiendo y agradeciendo el caramelo de forma educada. Después, anímelos a que cambien los roles y repita el ejercicio. Este es un buen momento para introducir la diferencia entre **piruleta** y **caramelo**, ya que son palabras que utilizarán con frecuencia a lo largo de la sección y de la unidad en general.

Después, retome la actividad 10. Reproduzca la pista 16 y anime a sus estudiantes a ir repitiendo las frases. Si lo estima necesario, puede ir pausando el audio después de cada frase para dar más tiempo a los alumnos a reproducirlas. Puede pedirles que las repitan a coro o de manera individual (por turnos), dependiendo del número de estudiantes que haya en la clase o del nivel de ansiedad que les pueda generar repetir las frases uno por uno.

11. MIRA Y LEE

Muestre a sus estudiantes un caramelo y pregunte: **¿Qué es?** Por el contexto, los niños entenderán la pregunta y probablemente responderán **caramelo** en español, puesto que ya conocen la palabra de la actividad anterior. Escriba en la pizarra la oración completa: **Es un caramelo**. Repita la misma dinámica con una piruleta y hágales notar la diferencia entre **un** y **una** y la terminación masculina de **caramelo** y femenina de **piruleta**. Si lo estima necesario, remita a sus alumnos al apartado de GRAMÁTICA VISUAL de la página 20 y explique con más detenimiento el masculino y el femenino en los sustantivos, aunque tenga en cuenta que este contenido se trabajará con detenimiento más adelante.

Después, pida a sus alumnos que lean los diálogos de manera individual y anímelos a que los traduzcan en su cuaderno a su propia lengua. Resuelva todas las dudas que puedan surgir y asegúrese de que comprenden bien las frases.

12. AHORA TÚ. PREGUNTA A TU COMPAÑERO

Muestre a sus estudiantes la imagen de la página 14 y señale una de las dos bicicletas que aparecen en la ilustración. Después, pregúnteles: **¿Qué es?** Es posible que ya conozcan la palabra **bicicleta** si se interesaron por ella cuando trabajaron el léxico de la ilustración de la doble página de entrada. En caso de no conocerla, dígasela usted y escriba en la pizarra **Es una bicicleta**.

A continuación, dirija la atención de los niños hacia las imágenes de la actividad y organícelos por parejas. Pídales que, por turnos, vayan preguntándose y respondiéndose hasta descubrir cuáles son los cuatro objetos que aparecen en la imagen. Asegúrese de que responden utilizando la estructura completa: **Es un/una...** y no solamente la palabra aislada. Una vez hecho esto, puede proponer a sus estudiantes que añadan también el color de los objetos.

Solución
- Es una bicicleta (azul).
- Es un helado (marrón, naranja y lila).
- Es un caramelo (rojo o rosa).
- Es una carta (blanca).

Si desea ampliar un poco la actividad, remita a sus estudiantes de nuevo a la página 14 y anímelos a que, por parejas, señalen objetos de la imagen y le pregunten a su compañero: **¿Qué es?** Pasee por la clase y vaya solventando las dudas que le planteen sus estudiantes o remítalos al apartado MIS PALABRAS de la página 19 y a la página 54 del GLOSARIO en el CUADERNO DE EJERCICIOS.

13. ESCUCHA, LEE Y CANTA.
LA CANCIÓN DE LOS COLORES
Antes de escuchar la canción, muestre a sus alumnos un caramelo y pregúnteles de nuevo: **¿Qué es?** A continuación, haga lo mismo enseñándoles una pelota. En este caso, preste especial atención a las respuestas de los niños y, si contestan usando el nombre sin el artículo, pregúnteles directamente: **¿Un caramelo o una caramelo?**; **¿Un pelota o una pelota?**

Tenga preparadas tarjetas de los colores de la canción y repártalas entre sus estudiantes. No es necesario que todos los niños tengan todos los colores, es suficiente con que tengan uno o dos diferentes. Después, lea con ellos la letra de la canción y procure que se fijen en que los nombres de los colores están escritos del color que les corresponde (la palabra "azul" está escrita en azul). De esta manera, repasará con ellos los nombres de los colores.

Después, explique a sus alumnos que van a escuchar *La canción de los colores* y que cada estudiante tiene que levantar su tarjeta cuando escuche el color de la cartulina que tiene en la mano. Si lo cree necesario, puede hacer una ronda previa de comprobación: vaya diciendo colores al azar para cerciorarse de que los niños comprenden la dinámica, reconocen los colores y levantan la mano cuando escuchan el color de la tarjeta que les corresponde. Reproduzca la pista 17 y compruebe que han entendido las instrucciones.

Si desea ampliar la dinámica, explique a sus estudiantes qué significan las palabras **saltas** y **cantas**. Dígales que van a escuchar la canción de nuevo y que, cuando oigan **saltas**, tienen que dar un salto, y cuando oigan **cantas**, tienen que abrir mucho la boca. Reproduzca la pista 17 y compruebe si han entendido la dinámica de la actividad.

Para terminar, vuelva a poner la canción y anime a los niños a que la canten y la bailen, favoreciendo así el movimiento físico en el aula. En este punto de la secuencia ya han escuchado varias veces la canción y lo más probable es que se hayan familiarizado con ella. Si lo cree conveniente, introduzca el gesto de señalar a un compañero de clase cuando escuchen la palabra **tú**.

Recuerde que dispone de las letras de las canciones en un PDF descargable e imprimible en **lolayleo.difusion.com** y **campus.difusion.com**.

Cuaderno de ejercicios
Actividades 6, 7 y 10

UN POQUITO MÁS
Esta sección introduce los recursos comunicativos necesarios para **pedir** y **agradecer** algo de forma educada. Se recomienda presentar este contenido durante la realización de la actividad 10.

Para retomar estos conceptos y cerrar la sección CON LUPA 3, remita a sus estudiantes a la página 63 del CUADERNO DE EJERCICIOS y pídales que preparen el material recortable necesario para realizar la actividad 13 del CUADERNO, en la página 14.

Antes de empezar la actividad, lea con ellos el ejemplo, organice la clase por parejas y anímelos a que representen la misma situación siguiendo el ejemplo y utilizando los caramelos y las piruletas que han recortado. Asegúrese de que realizan la dinámica de forma correcta paseando por el aula y resolviendo las dudas que puedan surgir.

Cuaderno de ejercicios
Actividad 13

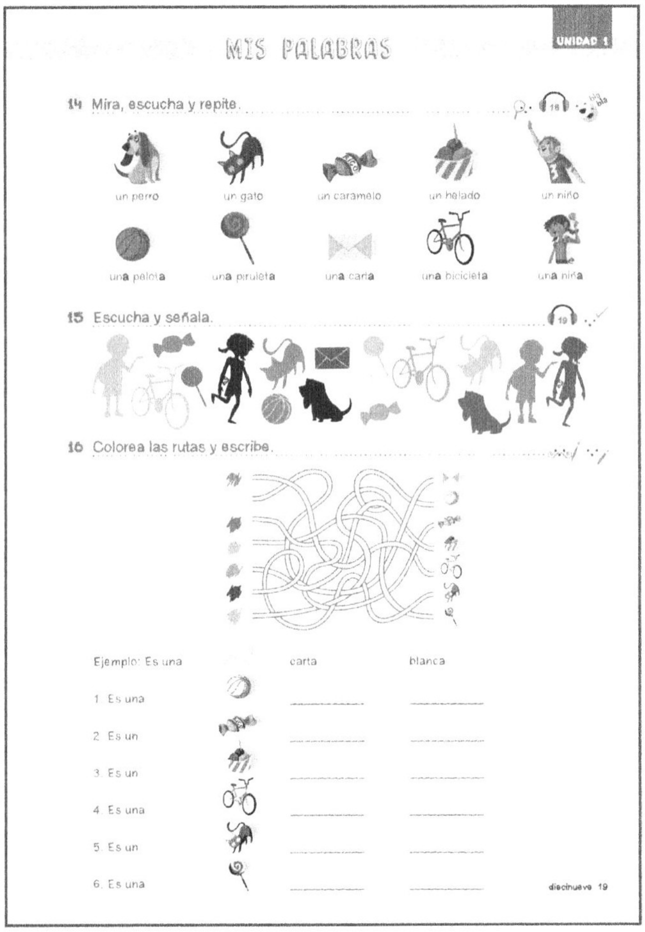
MIS PALABRAS

UNIDAD 1

14 Mira, escucha y repite.

un perro · un gato · un caramelo · un helado · un niño

una pelota · una piruleta · una carta · una bicicleta · una niña

15 Escucha y señala.

16 Colorea las rutas y escribe.

Ejemplo: Es una carta blanca

1. Es una

2. Es un

3. Es un

4. Es una

5. Es un

6. Es una

diecinueve 19

MIS PALABRAS

Esta sección tiene como objetivo principal recoger y practicar todo el contenido léxico de la unidad para trabajarlo de manera controlada y significativa.

14. MIRA, ESCUCHA Y REPITE

Centre la atención de sus alumnos en los dibujos de la actividad y pídales que lean las palabras en silencio. A continuación, reproduzca la pista 18 y anímelos a repetirlas a coro a medida que avanza el audio.

Para fijar el léxico, organice a los alumnos por parejas y explíqueles que uno de ellos tiene que empezar una palabra y el otro terminarla. Por ejemplo: **Un pe...** y el compañero termina con **...rro**. Si lo estima oportuno, puede pedirles que lo hagan de forma aleatoria para que resulte más divertido. Después de cinco palabras, asegúrese de que intercambian los roles, de modo que el estudiante que empezaba antes la palabra tiene ahora que terminarla.

Una vez trabajado el significado, dígales que se fijen en la última letra de cada palabra. Pregúnteles: **¿En qué terminan?** La respuesta esperable es que las palabras de arriba terminan en **-o** y que las de abajo terminan en **-a**. Si los estudiantes no le ofrecen la respuesta que espera, explíqueselo usted y asegúrese de que se fijan bien en las terminaciones de las palabras. Después, remítalos al apartado de GRAMÁTICA VISUAL para ver la diferencia entre masculino y femenino y los artículos indefinidos. Al tratarse de la primera unidad, es importante que llame la atención de los alumnos sobre el código de color que marcan las terminaciones de las palabras (rojo para el masculino y lila para el femenino), ya que aparecerá a lo largo de todo el manual.

Cuaderno de ejercicios
Actividades 1 y 9

15. ESCUCHA Y SEÑALA

Antes de comenzar la actividad, muestre un objeto conocido a sus estudiantes (por ejemplo, una pelota) y pregúnteles: **¿Qué es?** La respuesta esperable es **(Es) una pelota**. Añada: **¿De qué color es?** Y espere su respuesta. Entonces, escriba en la pizarra **(Es) una pelota roja** (escriba el color que tenga en realidad). Muestre un objeto masculino y repita la misma dinámica.

Después, invite a los alumnos a comentar las imágenes que aparecen en la actividad para repasar el vocabulario de la lección. Procure que se fijen en que, aunque las imágenes se repiten, no tienen los mismos colores. A continuación, explíqueles que van a escuchar un audio y que tienen que señalar lo que oigan. Si lo estima necesario, haga una ronda de comprobación previa a modo de ejemplo.

Reproduzca la pista 19 y vaya paseando entre las mesas para comprobar que los alumnos identifican bien los objetos y su color correspondiente. Si observa que hay estudiantes que se pierden, puede realizar una corrección en grupo clase o pedirles, antes de una segunda escucha, que comparen sus respuestas con las de un compañero.

Solución

- Un perro negro
- Un gato azul
- Una piruleta roja
- Un caramelo rosa
- Una pelota naranja
- Un niño verde
- Una bicicleta amarilla
- Una niña lila
- Una carta blanca

Puede aprovechar esta actividad para trabajar más profundamente el léxico y la concordancia. Para ello, organice la clase por parejas y pida a los alumnos que, por turnos, nombren un elemento de la imagen junto con su color correspondiente; su compañero tendrá que señalarlo. De esta forma, además de continuar trabajando la comprensión, se concentrarán también en la producción oral.

16. COLOREA LAS RUTAS Y ESCRIBE

Pida a sus estudiantes que observen la imagen y explíqueles que van a resolver un laberinto. Escriba la palabra **laberinto** en la pizarra si ve que se muestran interesados. Después, explíqueles que deben seguir las diferentes rutas para averiguar de qué color es cada objeto. Cuando lo hayan hecho, anímelos a colorear cada uno de ellos.

Una vez que hayan resuelto la primera parte de la actividad, pídales que completen las frases como en el ejemplo; una vez más, invítelos a que coloreen los objetos del color correspondiente. Para asegurarse de que todos han comprendido y realizado el ejercicio correctamente, pídales que, por turnos, vayan leyendo las frases y escriba las soluciones en la pizarra.

Solución

1. Es una pelota naranja.
2. Es un caramelo rojo.
3. Es un helado rosa.
4. Es una bicicleta azul.
5. Es un gato negro.
6. Es una piruleta verde.

GRAMÁTICA VISUAL

Esta sección tiene como objetivo principal la asimilación y práctica del contenido gramatical de la unidad. Tenga en cuenta el código de colores establecido para favorecer la fijación de los contenidos gramaticales (que se repetirá a lo largo de todo el manual) y recuerde que dispone de la sección de GRAMÁTICA VISUAL en un PDF descargable e imprimible en **campus.difusion.com** para colgarlo en la clase a lo largo del curso si lo estima conveniente.

17. LEE Y MIRA

Este bloque está destinado a sistematizar las reglas de concordancia de género en objetos y colores y a fijar el uso de los artículos indefinidos en singular. Asimismo, será el momento de trabajar de forma más explícita el verbo **llamarse** en las personas del singular.

Concordancia de género

Invite a sus estudiantes a observar la imagen y centre su atención en los dibujos del niño y de la niña. Muéstreles unas letras recortadas en rojo (la letra **o**) y en lila (la letra **a**) y pregúnteles a qué palabra corresponde cada una: **niño** o **niña** (**niño** termina en **-o** y **niña** termina en **-a**).

Asegúrese de que comprenden la diferencia entre el masculino y el femenino. Para ello, coloque a los alumnos en círculo y, por turnos, pídales que vayan señalando a cada uno de sus compañeros y diciendo **niño** o **niña** según el caso. Si ve que la dinámica funciona bien, pídales que lo digan cada vez más rápido para que el juego resulte más divertido. A continuación, puede repetirse la dinámica con variaciones:

- Decir su género y el del compañero de la izquierda.
- Decir su género y el del compañero de la derecha.
- Decir el género del compañero de la izquierda, el suyo y el del compañero de la derecha.

Si le parece oportuno, puede variar la dinámica diciendo **Lola** y **Leo** en lugar de **niña** y **niño**. De esta manera, sus alumnos practicarán de igual manera la diferencia entre el masculino y el femenino y, además, dará más presencia a los protagonistas del libro, haciendo que los estudiantes se familiaricen más rápidamente con ellos al mismo tiempo que aprenden gramática.

Posteriormente, dirija la atención de los niños a las palabras **caramelo** y **piruleta** y al artículo que las acompaña. Escriba en la pizarra: **Un caramelo / Una piruleta** y fije su atención en la forma masculina y femenina del artículo, poniendo especial atención en la forma **un** en lugar de **uno**. Después, escriba **niño/niña** y anímelos a que decidan qué artículo acompaña cada palabra para asegurarse de que comprenden el uso del género en los artículos y los nombres.

A continuación, escriba en la pizarra **Un caramelo roj...** y levante las dos letras recortadas en rojo y lila. Pregúnteles qué letra es la adecuada, espere su respuesta y escriba la solución en la pizarra.

Solución

Un caramelo rojo

Repita la misma dinámica con el femenino: **Una piruleta roj...** Trabaje de esta manera con ellos los colores que cambian de género (**rojo/a**, **amarillo/a**, **blanco/a**, **negro/a**) y asegúrese de que comprenden la concordancia de género.

A continuación, escriba en la pizarra **Un caramelo azul** y levante las letras recortadas en rojo y lila (**o**, **a**). Pregunte a sus alumnos si son necesarias y hágales ver que **azul** es una palabra completa y que no cambia. Escriba al lado **Una piruleta azul** para asegurarse de que comprenden el uso de los colores invariables junto con el nombre al que acompañan. Repita la dinámica varias veces hasta trabajar todos los colores invariables: **azul**, **verde**, **naranja**, **rosa**, **lila**, **marrón**.

Después, introduzca en una bolsa varios objetos de diferentes colores: una pelota, un caramelo, una piruleta, una carta, un gato de juguete... Por turnos, cada niño meterá la mano en la bolsa y cogerá un objeto. Sin mirarlo, tendrá que adivinar qué es y hacer una frase del tipo **Es una pelota**. El resto de la clase tendrá que escribir la frase de su compañero y añadir un color (**Es una pelota azul**). A continuación, los niños dirán en alto su frase y el alumno que tiene el objeto en la mano lo sacará de la bolsa para comprobar quién ha acertado el color. Realice esta actividad por turnos, ya sea de manera individual o por parejas.

Verbo llamarse

Antes de comenzar a trabajar en profundidad el singular del verbo **llamarse**, haga una ronda con los alumnos para tomar conciencia de los pronombres personales: **yo**, **tú**, **él**, **ella**. Escriba los pronombres en la pizarra y gesticule señalándose a usted mismo o a los demás mientras repite los pronombres adecuados. Añada el verbo **llamarse**: **Yo me llamo Lucía** (diga su propio nombre); **Tú te llamas Richard**; **Él se llama Omar**; **Ella se llama Lili** (use los nombres de sus estudiantes).

A continuación, organice a los alumnos en grupos de tres. En el suelo habrá colocados tres números (**1**, **2**, **3**) para cada grupo, sobre los que se colocarán los niños, cada uno sobre un número. El estudiante situado en el número 1 empezará diciendo: **Me llamo Tom** (anímelos a usar su propio nombre). El estudiante número 2 repetirá lo dicho por su compañero usando la segunda persona: **Te llamas Tom**. Finalmente, el estudiante 3, dirigiéndose al 2, repetirá la misma frase en tercera persona: **Se llama Tom**. Una vez finalizada la primera ronda, los alumnos tienen que cambiar de posición y saltar a otro número. Se repetirá la dinámica tres veces, de forma que cada uno pueda formular una oración en primera persona, otra en segunda y otra en tercera.

Después, manteniendo los grupos de tres, anímelos a leer el diálogo de muestra entre Lola y sus amigos. Asegúrese de que comprenden la conversación y pídales que la reproduzcan con sus propios nombres. Pasee por la clase y ayúdelos a solucionar los problemas que puedan ir surgiendo durante el desarrollo de la actividad.

Cuaderno de ejercicios
Actividades 12, 14 y 15

Tenga en cuenta que en las actividades 14 y 15 del CUADERNO DE EJERCICIOS se realiza un trabajo de silabeo sin prestar atención a la sílaba tónica.

Antes de realizar la actividad 15, explique a sus alumnos que tienen que elegir uno de los cuatro nombres del comecocos y que el compañero lo abrirá y lo cerrará en función del número de sílabas que tiene la palabra. Por lo tanto, es recomendable que haya realizado previamente la actividad 14, en la que se trabaja la separación de sílabas.

SONIDOS

Esta sección tiene como objetivo principal familiarizarse con la pronunciación y la escritura de la letra **eñe**.

18. ESCUCHA Y REPITE

Presente a sus alumnos la **eñe** escribiéndola en la pizarra, o muestre una cartulina recortada en forma de **ñ**, y escriba las cinco vocales en la pizarra (**a**, **e**, **i**, **o**, **u**). Después, anímelos a que digan cómo se pronuncia la **ñ** en combinación con cada una de las vocales y reproduzca el comienzo de la pista 20 para que escuchen, repitan y comprueben sus respuestas.

A continuación, para trabajar la segunda parte del audio, reproduzca el resto de la pista 20 y pídales que repitan a coro las palabras. Después, entregue a los niños la FICHA FOTOCOPIABLE 1 en la que encontrarán las mismas palabras escritas e ilustradas, pero sin el dígrafo que contiene la **ñ**. En parejas, anímelos a completar las palabras y, después, reproduzca de nuevo la pista 20 para realizar la comprobación. Si cree que es necesario, vaya pausando el audio en cada palabra y escribiendo la respuesta en la pizarra.

Solución de la FICHA FOTOCOPIABLE 1

• Espa**ñ**ol	• Ni**ñ**a	• Mu**ñ**eca
• Se**ñ**or	• Pi**ñ**ata	• Monta**ñ**a
• Se**ñ**ora	• Peque**ñ**o	• Pi**ñ**a
• Ni**ñ**o	• Ara**ñ**a	

19. LEE EN VOZ ALTA Y ESCRIBE ESTAS PALABRAS

Anime a sus estudiantes a que miren las imágenes y pídales que, por turnos, vayan leyendo las palabras. Pregúnteles qué letra se repite en todas ellas (la **ñ**) y pídales que las subrayen. Después, anímelos a que escriban las palabras al lado. Como variante, puede pedirles que las escriban utilizando letras mayúsculas. Esta modificación resulta especialmente útil con niños cuya lengua materna tiene un alfabeto diferente o utiliza un sistema de escritura diferente.

Cuaderno de ejercicios
Actividad 11

20. LEE EN VOZ ALTA Y REPITE

Comente a sus estudiantes que van a aprender un **trabalenguas**. Escriba la palabra en la pizarra, explíqueles que un trabalenguas es una frase difícil de decir y haga alguna broma con palabras difíciles de pronunciar en la lengua materna de los niños o en español. A continuación, lea el trabalenguas en voz alta, primero despacio, para que los niños lo vayan repitiendo con usted y, después, vayan aumentando progresivamente la velocidad.

Aproveche el trabalenguas para trabajar la entonación. En un primer momento, haga especial hincapié en la entonación interrogativa de la segunda frase y, después, vuelva a repetirlo con entonación exclamativa. Si ve que resulta motivador, vaya variando las entonaciones y trabajando, al mismo tiempo, la pronunciación en español.

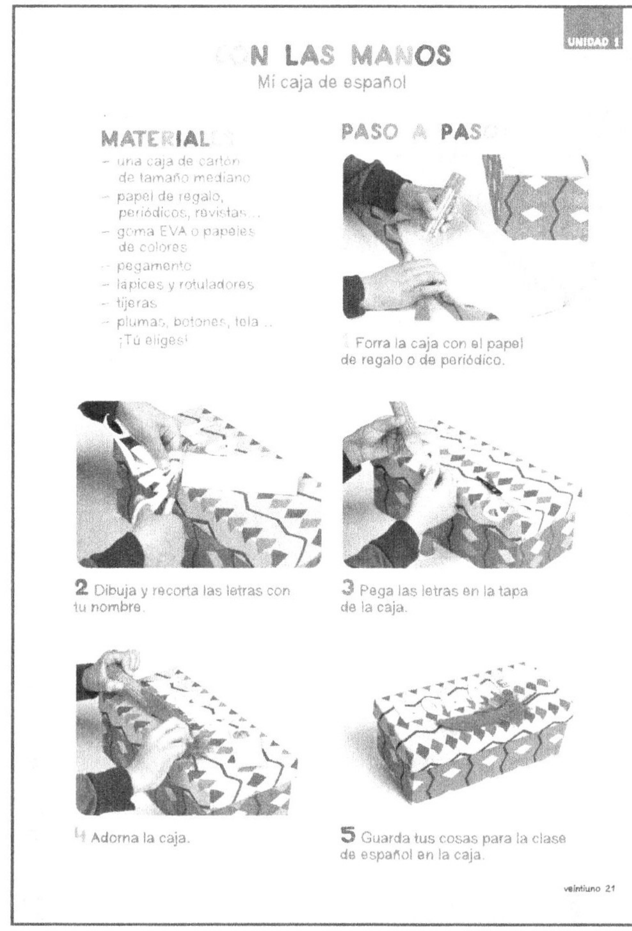

CON LAS MANOS
Mi caja de español

Explique a sus alumnos que van a decorar en clase su caja de español individualizada con su nombre. Ponga especial énfasis en explicarles que esta caja será muy útil a lo largo de todo el curso para ir guardando su material recortable y los trabajos que realicen en el aula.

En una sesión anterior, recuerde pedir a los alumnos que lleven a clase el día indicado todo el material necesario para la realización de la actividad. Es recomendable que usted prepare su propia caja de español previamente y lleve el resultado al aula a modo de ejemplo.

Para la preparación de los materiales, lea con sus estudiantes todo lo que van a necesitar para la elaboración de la caja y resuelva las dudas de vocabulario que puedan surgir. Para ello, puede ayudarse de la secuencia de imágenes que acompañan el desarrollo de la manualidad.

Una vez preparado el material, anime a los alumnos a que preparen su caja siguiendo el modelo del libro. Tenga en cuenta que cada niño tiene que escribir su nombre en goma EVA y recortarlo. Por lo tanto, trate de estar atento a las dificultades que puedan tener y asegúrese de que cada niño escribe su nombre correctamente. Durante la realización de la actividad, pasee por la clase y ayude a sus estudiantes en lo que necesiten. Anímelos a ser creativos y a decorar su caja con los elementos, colores y objetos que más les gusten.

El objetivo de la doble página de entrada es introducir el tema de la celebración del cumpleaños y activar los conocimientos previos de los estudiantes mediante la ilustración y el audio que la acompaña.

ILUSTRACIÓN

Pida a los estudiantes que abran el libro por la página 22 y pregúnteles: **¿Qué personajes conocéis?** Probablemente reconozcan a la mayoría de los integrantes de la familia de Leo. En caso de que no recuerden algunos de los nombres, remítalos a la página 9 para revisarlos. A continuación, escriba en la pizarra **¿Qué hace la familia Sandoval Rico?** Previsiblemente, los alumnos serán capaces de reconocer que están celebrando una fiesta de cumpleaños. Por el título de la unidad, podrán saber que se trata del cumpleaños de Leo. Escriba en la pizarra la palabra **cumpleaños** y pregúnteles: **¿Qué cosas de la imagen sabéis decir en español?** Sus alumnos ya conocen palabras como **niño**, **bicicleta**, **piruleta** o **piñata**, por lo que es esperable que mencionen algunas de ellas.

A continuación, explique a sus alumnos que van a escuchar los sonidos de una fiesta de cumpleaños. Invítelos a que escuchen y señalen los elementos en la imagen. Reproduzca, para ello, la pista 21.

Propuesta de solución

Un gato, la canción del cumpleaños, hielos y líquido cayendo en un vaso, platos, niños jugando y corriendo, risas, el envoltorio de un regalo, una cámara de fotos...

Tenga en cuenta que, aunque el cumpleaños de Leo se celebra en México, los alumnos escucharán la canción *Cumpleaños feliz* en lugar de *Las Mañanitas* por ser la canción clásica que se utiliza en la mayor parte del mundo hispano. No obstante, si cuenta con los medios necesarios, puede poner también a sus estudiantes la variante mexicana de la canción.

Si lo considera oportuno, proponga a sus alumnos ampliar el vocabulario de la ilustración. Tenga preparados pósits pequeños, repártalos entre sus estudiantes y anímelos a observar de nuevo la imagen. A continuación, pídales que vayan pegando los pósits sobre las palabras que les gustaría conocer en español. Pasee por la clase y vaya solucionando las dudas de vocabulario que le planteen sus alumnos.

CON LUPA 1

El objetivo de esta sección es que los estudiantes se familiaricen con las felicitaciones de cumpleaños y los regalos.

1. MIRA Y ESCUCHA

Centre la atención de sus alumnos en la imagen y pregúnteles: **¿Qué tiene Leo en la mano?** Escriba la palabra **teléfono** en la pizarra y, después, pregúnteles a quién ven en el teléfono. Lo esperable es que reconozcan a Lola. A continuación, formule otra pregunta: **¿Por qué creéis que llama Lola?** Escuche sus respuestas y escriba la frase completa en la pizarra: **Porque es el cumpleaños de Leo.**

Prepare antes de la clase un objeto envuelto a modo de regalo, muéstreselo a sus alumnos y pregúnteles: **¿Qué es?** Es posible que ya conozcan la palabra en español si la comentaron en la doble página de entrada. Escriba en la pizarra **Es un regalo.**

A continuación, explique a sus estudiantes que van a escuchar un audio y que tienen que intentar averiguar qué regalo menciona Leo. Reproduzca la pista 22 y compruebe las respuestas en clase abierta. Por último, pregúnteles de qué color es la bicicleta de Leo y reproduzca de nuevo la pista para comprobarlo.

Solución

Una bicicleta roja y azul

2. ESCUCHA Y REPITE

Para preparar la audición, escriba en la pizarra la siguiente frase: **Hoy es el cumpleaños de...** Si tienen una mascota en clase puede utilizar el nombre de la mascota. De lo contrario, llévese un peluche o una foto de su propia mascota y presénteselo a los niños. Invítelos a que feliciten al personaje. Es probable que lo hagan en su lengua materna o que recuerden la expresión que aparece en la ilustración principal: **Feliz cumpleaños.** Responda en nombre de la mascota diciendo: **Gracias** y **Muchas gracias**; escriba ambas expresiones en la pizarra. A continuación, coja disimuladamente el regalo que utilizaron en la actividad anterior, sáquelo de forma inesperada y diga: **¡Sorpresa!**

Reproduzca las pistas 23 y 24 y anime a sus estudiantes a que repitan las frases. Puede pedirles que las repitan a coro o de manera individual (por turnos), dependiendo del número de estudiantes que haya en la clase o del nivel de ansiedad que les pueda generar repetir las frases de manera individual.

Antes de una segunda escucha, pregunte a sus estudiantes de quién es el cumpleaños en cada situación. Reproduzca las pistas 23 y 24 y, después, haga la comprobación en clase abierta.

Solución

A. Es el cumpleaños de Leo.
B. Es el cumpleaños de Felipe, el abuelo de Leo y Sara.

Si desea ampliar la actividad, ponga una pegatina en el hombro a la midad de la clase y explique a sus alumnos que hoy es el cumpleaños de todos los niños que llevan pegatina. Anímelos a que se levanten y paseen por el aula felicitando a los compañeros con una de las fórmulas aprendidas. Aproveche para repasarlas y explíqueles que, además de **Feliz cumpleaños**, pueden utilizar otras expresiones para felicitar a alguien: **Felicidades** y **Muchas felicidades**. Los alumnos que reciban la felicitación deberán responder: **Gracias** o **Muchas gracias**. Posteriormente, intercambie los roles. Puede realizar algunos ejemplos en grupo clase para asegurarse de que todos los estudiantes comprenden la dinámica.

3. ESCUCHA Y SEÑALA

En primer lugar, centre la atención de sus estudiantes en la imagen de la izquierda y pregúnteles: **¿Quiénes aparecen en la imagen?** Es previsible que mencionen que se trata de los amigos de Leo. A continuación pregunte: **¿Qué están mirando?** Es probable que sus alumnos hagan alusión a la palabra **regalos**, que ya han visto anteriormente. Escriba el término en la pizarra. Asimismo, es posible que conozcan algunos de los regalos que aparecen (**bicicleta**, **coche** o **carro**, etc.). Tenga en cuenta que Leo es mexicano y, por tanto, utiliza **carro** en lugar de **coche** o **auto**. No obstante, si su variedad del español es diferente, puede comentárselo a sus alumnos para que entiendan que se trata de la misma palabra.

Después, centre la atención de los alumnos en la imagen de la derecha. Pregúnteles qué lleva la amiga de Leo en las manos. Nuevamente, los estudiantes mencionarán la palabra **regalo**. Pregúnteles: **¿Qué regalo creéis que es?** Escuche las ideas.

A continuación, explíqueles que van a escuchar a los niños hablando sobre los regalos de Leo y que tienen que relacionar los diálogos con las ilustraciones y averiguar qué regalo se menciona en cada situación. Reproduzca las pistas 25 y 26 una o varias veces, según sea necesario.

Solución

A. Imagen de la derecha: un tren

B. Imagen de la izquierda: un carro de policía

4. AHORA TÚ. DIBUJA DOS REGALOS Y REPRESENTA

En grupo clase, realice una lluvia de ideas sobre posibles regalos que pueden hacerse en un cumpleaños. Para ello, los estudiantes pueden apoyarse en la lista de regalos que aparece en la actividad y aportar otras ideas.

A continuación, escriba los nombres de todos sus alumnos en diferentes papeles e introdúzcalos en una bolsa. Pida a cada niño que saque un papel con un nombre y que conserve el papel. Explique que cada estudiante deberá dibujar dos regalos que quiera hacer a ese compañero. Mientras realizan los dibujos, pasee por la clase comentando sus trabajos: **¡Qué bonito!**; **¿De qué color es?**; **¿Es un/una...?**

Cuando todos los alumnos hayan preparado sus regalos, centre su atención en el apartado UN POQUITO MÁS. Trabaje en la clase las expresiones del cuadro, la entonación y aproveche la ocasión para recordarles, si cree que es oportuno, el sistema de apertura y cierre de los signos de exclamación en español, que ya vieron en la UNIDAD 1. Para trabajar las expresiones del cuadro, resuelva las dudas de vocabulario que puedan surgir y escriba en la pizarra las siguientes frases: **Es el cumpleaños de Leo**; **Es mi fiesta de cumpleaños**; **Toma, tu regalo**; **Mira, mi muñeca nueva**. Organice la clase por parejas y pídales que adjudiquen a cada una de las frases una o varias de las expresiones del cuadro. Para comprobar que lo han entendido, haga una puesta en común en clase abierta.

Propuesta de solución

- Es el cumpleaños de Leo: ¡Felicidades! ¡Feliz cumpleaños!
- Es mi fiesta de cumpleaños: ¡Felicidades! ¡Feliz cumpleaños! ¡Qué bien! ¡Qué divertido!
- Toma, tu regalo: ¡Qué bonito! ¡Qué divertido!
- Mira, mi muñeca nueva: ¡Qué bonita! ¡Qué divertida!

Finalmente, haga la entrega de regalos. Para ello, lea en primer lugar el ejemplo de diálogo que aparece en la actividad y asegúrese de que todos los estudiantes comprenden la dinámica. Después, invítelos a ir entregando sus regalos a los compañeros. Haga la entrega en clase abierta y por turnos, y anime a los alumnos a representar los diálogos con los gestos y las expresiones adecuadas al contexto siguiendo el modelo de la actividad.

UN POQUITO MÁS

En este apartado, los alumnos aprenderán a felicitar y hacer comentarios sobre los regalos. Se recomienda introducir este contenido a lo largo de la actividad 4.

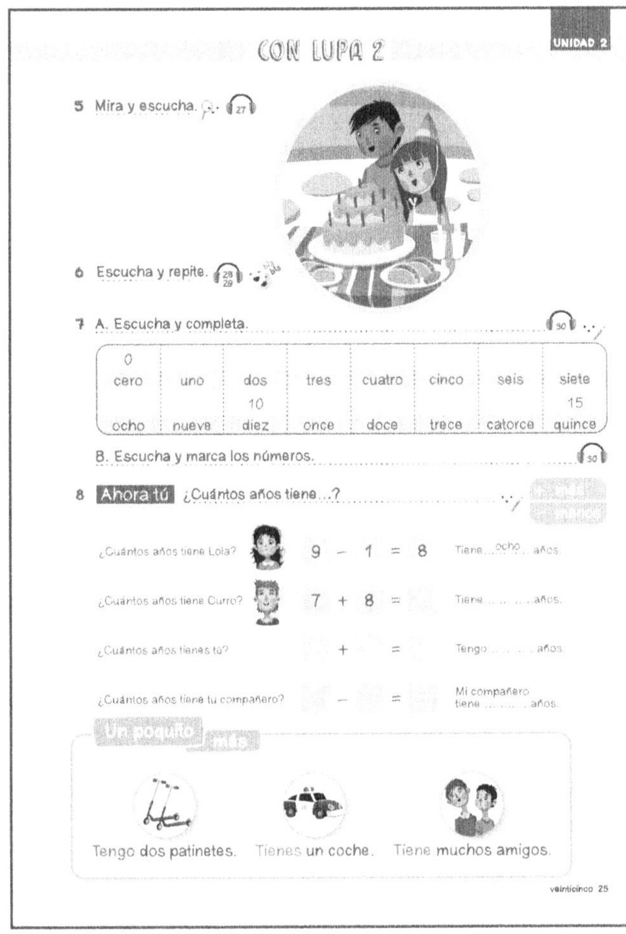

UNIDAD 2

CON LUPA 2

5 Mira y escucha. 27

6 Escucha y repite. 28 29

7 A. Escucha y completa. 30

0 cero	uno	dos	tres	cuatro	cinco	seis	siete
ocho	nueve	10 diez	once	doce	trece	catorce	15 quince

B. Escucha y marca los números. 30

8 Ahora tú ¿Cuántos años tiene...?

¿Cuántos años tiene Lola? 9 – 1 = 8 Tiene ...ocho... años.

¿Cuántos años tiene Curro? 7 + 8 = Tiene .... años.

¿Cuántos años tienes tú? + = Tengo .... años.

¿Cuántos años tiene tu compañero? – = Mi compañero tiene .... años.

Un poquito más

Tengo dos patinetes. Tienes un coche. Tiene muchos amigos.

veinticinco 25

CON LUPA 2

El objetivo de esta sección es que los estudiantes conozcan los números del 1 al 15 y aprendan a preguntar y a responder sobre la edad.

5. MIRA Y ESCUCHA

Centre la atención de sus alumnos en la imagen de la actividad y realice una lluvia de ideas de vocabulario. En este punto de la secuencia, es probable que los estudiantes mencionen términos como **niños**, **amigos**, **velas**, **tarta**, **limonada** o **comida**. Para repasar los colores, puede preguntar también: **¿De qué color es la tarta?**; **¿Y el gorro de la niña?**

A continuación, anime a los niños a fijarse en la tarta y pregúnteles: **¿Cuántos años cumple Leo?** Para ello, deberán contar las velas. Como todavía no conocen los números en español, es previsible que mencionen el número **10** en su propia lengua.

A continuación, lleve al aula diez cartulinas en las que estén escritos los números del 1 al 10 (un número en cada cartulina). En el anverso deberá aparecer el número (**1**) y en el reverso la palabra (**uno**). Reparta a cada niño una cartulina. Pídales que se pongan de pie y formen una fila en el centro de la clase con los números ordenados. Después, anime a cada estudiante a decir su número en voz alta. Recoja todas las tarjetas, mézclelas, repártalas de nuevo y repita la dinámica, pero esta vez cada participante tendrá que decir su número más el número del compañero anterior. Si desea aumentar la dificultad, anime a los estudiantes a que vayan repitiendo la serie completa. El primer alumno de la fila dirá: **uno**; el siguiente, **uno**, **dos**; el siguiente: **uno**, **dos**, **tres**, y así sucesivamente hasta completar la serie. Es posible que tenga que adaptar la actividad al número de alumnos que tenga en el grupo. Si el grupo es muy pequeño, puede trabajar en primer lugar con los números del 1 al 5 y a continuación con los números del 6 al 10. Si cuenta con un grupo numeroso, realice la actividad por turnos y asegúrese de que todos los alumnos participan.

Finalmente, pregunte a los alumnos: **¿Cuántos años tienen los niños?**; **¿Y el tío Calavera?** Reproduzca la pista 27 para comprobarlo y repita la audición si lo considera necesario.

Solución

- Los niños tienen 9 y 10 años.
- El tío Calavera tiene muchos años.

6. ESCUCHA Y REPITE

Reproduzca las pistas 28 y 29 y anime a sus estudiantes a repetir las frases que escuchan. Si lo estima necesario, puede ir pausando el audio después de cada frase para dar un poco más de tiempo a los niños a reproducirlas. Puede pedir a los alumnos que las repitan a coro o de manera individual (por turnos), dependiendo del número de estudiantes que haya en la clase o del nivel de ansiedad que les pueda generar repetir las frases de manera individual.

7A. ESCUCHA Y COMPLETA

Remita a sus alumnos a la tabla de la actividad y pídales que escriban los números a medida que los escuchan. Reproduzca la pista 30 y, después, anímelos a que repitan a coro la secuencia numérica.

A continuación, anime a sus estudiantes a ponerse de pie y a formar un círculo en el centro del aula. Muéstreles una pelota y diga el número **1**. Después, lance la pelota a uno de los alumnos, que deberá decir el número **2**, y así sucesivamente. Repita la dinámica hasta completar la serie. Puede realizar esta actividad las veces que estime oportuno. Aumente la velocidad progresivamente para motivar a los estudiantes y hacer más lúdica la actividad.

7B. ESCUCHA Y MARCA LOS NÚMEROS

Explique a los estudiantes que van a escuchar algunos de los números de la tabla y que deben marcarlos. Reproduzca la segunda parte de la pista 30 y, a continuación, haga la corrección en grupo clase.

Solución

0, 7, 11, 15, 3, 8, 13.

Cuaderno de ejercicios

Actividades 4, 5 y 6

8. AHORA TÚ. ¿CUÁNTOS AÑOS TIENE...?

Escriba en la pizarra los símbolos de **más** (+), **menos** (–) e **igual** (=), pregunte a sus estudiantes cómo se dicen estos signos en su lengua materna y escriba al lado las palabras en español. Después, escriba en la pizarra dos operaciones matemáticas, por ejemplo: **2 + 2 =...**, **4 – 1 =...** Anime a los alumnos a resolverlas. Esto lo ayudará a detectar el conocimiento matemático de los niños y a prever posibles dificultades para el desarrollo de la actividad.

Muestre a los alumnos las operaciones matemáticas que aparecen en la actividad y dígales que tienen que resolverlas para descubrir cuántos años tienen los personajes. A continuación, deberán inventar una suma para su edad y una resta para la de su compañero. Si algunos de sus alumnos tienen dificultades con las matemáticas, puede proponer que realicen la actividad en parejas y fomentar así el trabajo cooperativo. Haga la corrección en clase abierta.

Solución

- Lola tiene ocho (8) años.
- Curro tiene quince (15) años.

Si desea ampliar esta actividad, pida a los alumnos que se pongan de pie y paseen por la clase preguntando a sus compañeros: **¿Cuántos años tienes?** Dígales que anoten todas las respuestas y, posteriormente, anímelos a realizar un cartel con los nombres y la edad de todos los niños de la clase. Cuelgue el resultado final en las paredes del aula.

Cuaderno de ejercicios

Actividades 7 y 8

UN POQUITO MÁS

En este apartado, los estudiantes aprenderán a expresar la posesión con el verbo **tener**, lo que es especialmente relevante porque, hasta este momento, solo se ha mostrado explícitamente el uso del verbo **tener** para expresar la edad.

Lea los ejemplos en grupo clase y solucione posibles dudas. Asegúrese de que todos los alumnos comprenden el uso del verbo **tener** para hablar de la posesión. A continuación, pida a sus alumnos que recuperen los regalos que se hicieron entre ellos en la actividad 4. Pregunte a uno de sus alumnos: **Hank, ¿qué regalos nuevos tienes?** Y anímelo a responder: **Tengo una muñeca y un libro**. Si lo cree oportuno, anímelo a describir el objeto: **¿De qué color es la muñeca?** Continúe la ronda preguntando al resto de estudiantes hasta que todos hayan participado. Si el grupo es muy numeroso, organice la clase por pequeños equipos y anímelos a formularse las preguntas entre ellos.

UNIDAD 2

CON LUPA 3

9 Mira y escucha.

10 Escucha y repite.

11 Escucha y señala de quién hablan.

12 Mira y lee.

13 Ahora tú Dibuja a tu familia, recorta y habla.

14 Escucha, lee y canta. *Erre que erre.*

Ra, ra, ra,
salta que te salta.
Re, re, re,
corre que te corre.
Ri, ri, ri,
ríe que te ríe.
Ro, ro, roooooo...
Rompe la piñata,
rómpela pronto,
toma el caramelo
y salta otra vez.
Ra, ra, ra,
salta que te salta.
Re, re, re,
corre que te corre.
Ri, ri, ri,
ríe que te ríe.
Ro, ro, roooooo
Rompe la piñata
y no pares de reír.
Rompe la piñata
que la rompo yo.
Ra, ra, ra,
re, re, re,
ri, ri, ri,
ro, ro, rooooooooo...

Un poquito más

el tío	el primo	el abuelo	el padre	el hermano
la tía	la prima	la abuela	la madre	la hermana

26 veintiséis

CON LUPA 3

El objetivo de esta sección es que los alumnos conozcan las relaciones de parentesco en español.

9. MIRA Y ESCUCHA

Antes de comenzar la actividad, muestre a sus alumnos algunas fotos de su familia en papel, a través del móvil o, si cuenta con los medios necesarios, proyectadas en la pizarra para que sea más fácil la visualización. Pregúnteles: **¿Qué es esto?** Es esperable que mencionen **fotos** o **fotografías**. Comente que son fotos de su **familia**, escriba la palabra en la pizarra y pregúnteles si recuerdan cómo se llaman los miembros de las familias de Lola y Leo. Haga una lluvia de ideas y remítalos a las páginas 8 y 9 si lo considera necesario.

Para presentar el léxico de la familia, reparta a los estudiantes la FICHA FOTOCOPIABLE 2, donde encontrarán el árbol genealógico de Leo en la parte superior. Pídales que presten atención a las palabras que aparecen junto a los nombres de cada persona. Asegúrese de que los alumnos comprenden el significado de los términos **padre/papá**, **madre/mamá**, **abuelo**, **abuela**, **hermano**, **hermana**, **tío**, **tía**, **primo**, **prima**. Haga hincapié en las formas **papá** y **mamá** y explique que son términos habituales en español para referirse al **padre** y a la **madre** y que en algunos países, como en México, se utilizan prácticamente en exclusividad frente a **padre** y **madre**. Si lo considera necesario, invítelos a escribir el nuevo vocabulario en su cuaderno acompañado de la traducción en su lengua materna.

A continuación, centre la atención de los alumnos en el segundo apartado de la FICHA FOTOCOPIABLE 2, en la que aparecen frases sobre la familia de Leo. Anímelos a completarlas con las palabras del árbol genealógico para establecer los parentescos familiares. Realice la primera frase a modo de ejemplo y asegúrese de que los estudiantes comprenden la dinámica. El árbol genealógico les servirá como apoyo visual.

Solución de la FICHA FOTOCOPIABLE 2
- Carlos es el **padre/papá** de Leo y Sara.
- Lupe es la **madre/mamá** de Leo y Sara.
- Sara es la **hermana** de Leo.
- Leo es el **hermano** de Sara.
- Sara y Leo son **hermanos**.
- Felipe es el **abuelo** de Leo y Sara.
- Chavela es la **abuela** de Leo y Sara.
- Carlos es el **tío** de Lola, Curro y Pablo.
- Rosa es la **tía** de Leo y Sara.
- Leo es el **primo** de Lola, Curro y Pablo.
- Sara es la **prima** de Lola, Curro y Pablo.
- Sara y Leo son los **primos** de Lola, Curro y Pablo.

Una vez presentado el vocabulario de la familia, centre la atención de los estudiantes en la imagen de Sara y su amigo y pregúnteles qué están haciendo. Escriba en la pizarra **Mirar fotos**. Explíqueles que van a escuchar una conversación entre ellos y que tienen que tratar de averiguar de qué personajes están hablando. Reproduzca la pista 31 y, después, haga la comprobación en clase abierta.

Solución
Curro, Rosa y Piñata

Finalmente, realice una nueva escucha de la pista 31 y pida a los estudiantes que identifiquen las palabras relacionadas con la familia.

Solución
Primo, mamá y papá

Cuaderno de ejercicios
Actividades 9 y 10

10. ESCUCHA Y REPITE
Explique a sus estudiantes que van a volver a escuchar a Sara hablando sobre su familia. Reproduzca las pistas 32, 33 y 34 y anime a sus estudiantes a que repitan las frases que escuchan. Si lo estima necesario, puede ir pausando el audio después de cada frase para dar un poco más de tiempo a los niños a reproducirlas. Puede pedir a los alumnos que las repitan a coro o de manera individual (por turnos), dependiendo del número de estudiantes que haya en la clase o del nivel de ansiedad que les pueda generar repetir las frases de manera individual.

11. ESCUCHA Y SEÑALA DE QUIÉN HABLAN
Fije la atención de sus alumnos en la ilustración de la actividad y pregúnteles si se trata de la familia de Lola o de Leo. Después, explíqueles que van a escuchar tres pequeños diálogos y pídales que señalen en la imagen a las personas que se mencionan. Reproduzca la pista 35. Para realizar la comprobación, pare el audio después de cada diálogo y pida a uno de sus estudiantes que señale el personaje mencionado.

Solución
- Es la familia de Lola.
- Mencionan a Curro, a Rosa y a Pepe, el abuelo.

Después, anímelos a producir frases sobre las relaciones de parentesco de estos personajes con los miembros de las familias de Lola y Leo y trate de que expresen todas las relaciones posibles entre ellos, por ejemplo: **Rosa es la madre de Lola, Curro y Pablo**; **es la hermana de Carlos**; **es la tía de Leo y Sara**. Los alumnos ya han trabajado con esta estructura en la FICHA FOTOCOPIABLE 2 de la actividad 9, por lo que no deberían tener problemas para formular las frases. No obstante, puede recuperar estos ejemplos si lo considera oportuno.

12. MIRA Y LEE
En esta actividad se introduce la pregunta **¿De dónde es?** Escríbala en la pizarra y remita a los estudiantes a los mapas que aparecen en la actividad 4 de la página 11. Pregunte: **¿De dónde es Lola?**, y ayude a los alumnos a producir la frase **Lola es española/Lola es de España**. Escriba las dos opciones en la pizarra y deje claro que, en español, ambas fórmulas expresan la misma idea. A continuación, pregunte: **¿De dónde es Leo?** Espere sus respuestas y escriba **Leo es mexicano/Leo es de México**. Si lo considera oportuno, revise el léxico de las nacionalidades que estudiaron en la unidad 0 y haga preguntas en grupo clase sobre la nacionalidad de sus estudiantes.

A continuación, pida a sus alumnos que miren la ilustración que aparece en el centro de la actividad. **¿Se trata de la familia Martín Sandoval o de la familia Sandoval Rico?** Pídales que lean el diálogo entre Leo y su amiga sobre la familia de Leo y anímelos a que lo copien en su cuaderno en su propia lengua.

Solución
Es la familia Sandoval Rico.

Como ampliación, organice a los alumnos por parejas y pídales que, siguiendo el modelo del diálogo, adopten el papel de la amiga de Leo y el del propio Leo y continúen preguntándose sobre otros miembros de la familia presentes en la imagen. Pídales que, cuando pregunten por un personaje, lo señalen. De esta manera, quedará claro a quién se están refiriendo en todo momento.

Propuesta de solución
• ¿Quién es?
o Es mi madre. Es mi padre. Es mi abuelo. Es mi abuela. Es mi hermana.
o ¿De dónde es?
• Es mexicana / de México. Es español / de España. Es mexicano / de México. Es mexicana / de México. Es mexicana / de México.

Cuaderno de ejercicios
Actividades 13 y 14

13. AHORA TÚ. DIBUJA A TU FAMILIA, RECORTA Y HABLA
Remita a los alumnos a la página 71 del manual y pídales que dibujen a su familia en el marco de fotos de la actividad 13. Después, pídales que lo recorten. A continuación, organice la clase por parejas y pida a cada estudiante que muestre su trabajo a su compañero. Anímelos a hacerse preguntas entre ellos para obtener más información sobre los miembros de sus respectivas familias: **¿Quién es?**; **¿Cómo se llama?**; **¿De dónde es?**; **¿Cuántos años tiene?**

Cuaderno de ejercicios
Actividad 11

14. ESCUCHA, LEE Y CANTA. *ERRE QUE ERRE*
Reproduzca la pista 36 y escuchen la canción *Erre que erre*. Después, con la letra delante y si lo considera oportuno, resuelva las dudas de vocabulario que puedan surgir. A continuación, divida la clase en cuatro grupos: **ra**, **re**, **ri**, **ro**. En una segunda escucha, anime a los alumnos a que salten y canten en voz alta la parte de la canción correspondiente a su sonido. Cambie los roles de cada grupo y repita la canción tantas veces como estime necesario.

Recuerde que dispone de las letras de las canciones en PDF descargable e imprimible en **lolayleo.difusion.com** y **campus.difusion.com**.

Cuaderno de ejercicios
Actividad 16

UN POQUITO MÁS
El objetivo de esta sección es que los alumnos observen las formas masculinas y femeninas de las palabras que han aprendido hasta ahora sobre las relaciones de parentesco. A modo de revisión, reparta a los alumnos la FICHA FOTOCOPIABLE 3.

Anime a sus estudiantes a que observen la ficha, haga un repaso de los nombres de los personajes y, a continuación, lea el ejemplo en voz alta para asegurarse de que los alumnos recuerdan la estructura necesaria para formular este tipo de frases (**Lola es la prima de Leo**). Organice la clase en parejas y pídales que las completen.

Solución
1. Lola es la prima de Leo.
2. Rosa es la tía de Leo.
3. Chavela es la abuela de Sara.
4. Pepe es el abuelo de Curro.
5. Curro es el hermano de Pablo.
6. Pablo es el primo de Sara.
7. Carlos es el padre/papá de Sara.
8. Lupe es la madre/mamá de Leo.
9. Lola es la hermana de Curro y de Pablo.
10. Carlos es el tío de Lola.

MIS PALABRAS

UNIDAD 2

15 Mira, escucha y repite.

el tren · el regalo · el padre · el globo · el carro · el refresco

la muñeca · la piñata · la madre · la hermana · la abuela · la limonada

16 Relaciona y escribe la frase.

El / La — muñeca / globo / carro / piñata / madre / regalo — de

Ejemplo: El regalo de Leo.

17 Recorta las cartas, escucha a tu profesor y juega.

veintisiete 27

MIS PALABRAS

Esta sección tiene como objetivo principal recoger y practicar todo el contenido léxico de la unidad para trabajarlo de manera controlada y significativa.

15. MIRA, ESCUCHA Y REPITE
Centre la atención de sus alumnos en las imágenes de la actividad y pídales que lean las palabras de manera individual. A continuación, reproduzca la pista 37 y anime a sus estudiantes a repetir el vocabulario. Si lo estima necesario, puede ir pausando el audio después de cada palabra. Puede pedir a los estudiantes que las repitan a coro o de manera individual (por turnos), dependiendo del número de alumnos que haya en la clase o del nivel de ansiedad que les pueda generar repetir las palabras uno por uno.

Seguidamente, pregunte qué tienen en común las palabras de la primera fila y qué tienen en común las palabras de la segunda. Es posible que los estudiantes observen, aunque no sepan expresarlo, que las palabras de arriba son masculinas y las de abajo son femeninas. El código de color empleado en los artículos (rojo: masculino, lila: femenino) los ayudará a notar la diferencia.

16. RELACIONA Y ESCRIBE LA FRASE
Centre la atención de sus alumnos en el ejemplo de la actividad. Explíqueles que deben seguir el modelo y relacionar un elemento de cada columna, prestando especial atención al género de los artículos y de las palabras de la

segunda columna. Recuérdeles que pueden remitirse a la actividad anterior para consultar el género de las palabras. Si lo considera oportuno, recuerde el nombre de los personajes antes de comenzar la actividad.

Para hacer la corrección, diga el sustantivo **globo** y anime a cada uno de los estudiantes a decir la frase que han preparado con esa palabra. Como existen varias posibilidades, es posible que se repita la misma estructura cambiando simplemente el nombre del personaje. La repetición servirá para asimilar el contenido. Realice la misma dinámica con el resto de los nombres que aparecen en la actividad.

Propuesta de solución

- El regalo de Leo
- La muñeca de Sara
- El globo de Pablo
- El carro de Lola
- La piñata de Curro
- La madre de Leo

Cuaderno de ejercicios
Actividades 1 y 15

17. RECORTA LAS CARTAS, ESCUCHA A TU PROFESOR Y JUEGA

Remita a sus alumnos a la actividad 17 de la página 71 y pídales que recorten las cartas. Cuando todos los niños tengan sus cartas preparadas, organícelos en grupos de tres y explíqueles que van a jugar a las cartas. Mezcle en cada grupo los tres juegos de cartas y después pídales que se las repartan. A continuación, nombre uno de los elementos de las cartas, por ejemplo, **El coche**. Los alumnos que tengan el mismo elemento deberán tirar la carta sobre la mesa y decir: **¡Tengo el coche!**; **¡Yo también!** Enseñe previamente esta expresión y escríbala en la pizarra. Si alguno de los alumnos tiene más de una tarjeta con la misma imagen, deberá decir: **Yo tengo dos coches**, y arrojará las dos cartas sobre la mesa. Realice una ronda a modo de ejemplo y pasee por el aula para asegurarse de que todos los niños han entendido la dinámica. A continuación, comience el juego. El ganador de cada equipo será el alumno que antes logre quedarse sin cartas. Juegen tantas rondas como considere oportuno.

Recuerde a sus estudiantes que pueden guardar el material de clase en la caja de español que elaboraron en la UNIDAD 1.

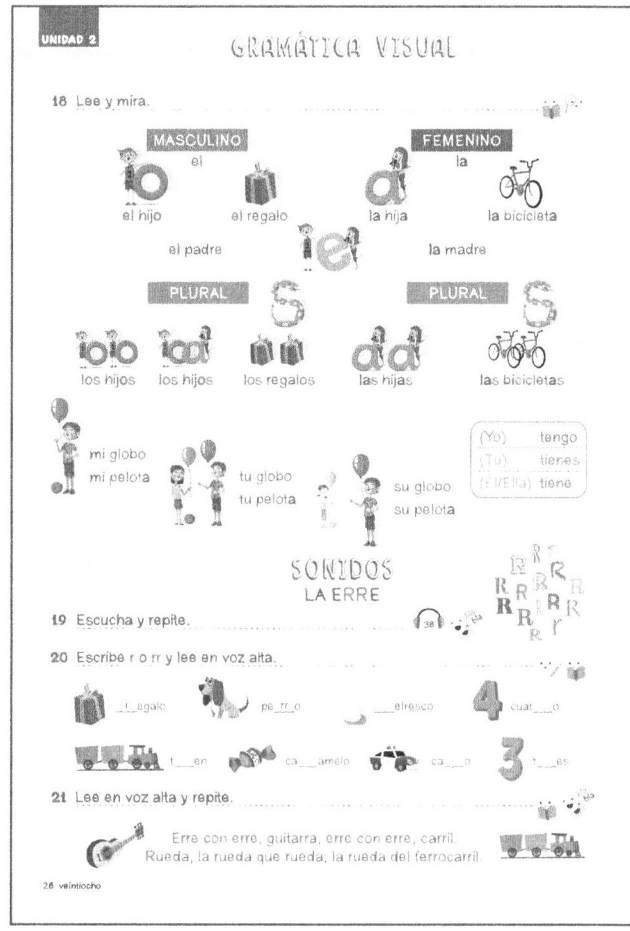

GRAMÁTICA VISUAL

Esta sección tiene como principal objetivo la asimilación y práctica del contenido gramatical de la unidad. Tenga en cuenta el código de colores que se repite a lo largo de todo el manual para favorecer la fijación de los contenidos gramaticales. Recuerde que dispone de la sección de GRAMÁTICA VISUAL en un PDF descargable e imprimible en **campus.difusion.com**.

18. LEE Y MIRA

Artículos

Prepare cuatro cartulinas: escriba en una el artículo **el** en color rojo, en otra el artículo **la** en lila, en otra el artículo **los** con el código de color rojo para el masculino (**o**) y verde para el plural (**s**) y en la última el artículo **las** con el código de color lila para el femenino (**a**) y verde para el plural (**s**). Aproveche la ocasión para presentar a sus estudiantes *la serpiente del plural*: muéstreles una cartulina verde recortada con la forma de la serpiente y aclare con sus estudiantes qué significa la **s** del plural.

A continuación, cuelgue las cuatro cartulinas con los artículos en paredes opuestas del aula. Centre la atención de sus alumnos en los ejemplos del singular que aparecen en la actividad (**el hijo**, **el regalo**, **la hija**, **la bicicleta**). Asegúrese de que comprenden que, generalmente en español, las palabras que terminan en **-o** son normalmente masculinas y las palabras que terminan en **-a**, suelen ser femeninas, y que para la formación del plural se añade una **-s** al final de la palabra (**los hijos**, **los regalos**, **las hijas**, **las bicicletas**). Anímelos a que se pongan de pie y pronuncie la palabra **globo**. Diríjase corriendo hacia la cartulina en la que aparece el artículo **el** e invite a los alumnos a seguirle. Cuando llegue a la cartulina diga en voz alta: **El globo**, y anímelos a repetirlo. Asegúrese de que han entendido la dinámica. A continuación, realice el mismo procedimiento con las siguientes palabras: **pelota**, **carros**, **muñecas**, **caramelo**, **libros**, **piruletas**, **piñata**, **abuelo**.

Después, centre su atención en el apartado en el que aparecen las palabras **padre** y **madre**. Explíqueles que algunas palabras que terminan en **-e** son masculinas y necesitan el artículo **el** y otras son femeninas y llevan el artículo **la**. Escriba otros ejemplos en la pizarra para asegurarse de que comprenden el uso de los artículos con este tipo de palabras: **el/la estudiante**, **el/la cliente**.

Por último, explique a sus estudiantes que, en plural, la palabra **hijos** incluye tanto a los niños como a las niñas, siempre y cuando, dentro del grupo haya, como mínimo, un varón. Centre su atención en el ejemplo y en las imágenes que lo acompañan y refuerce la idea comparándolo con el ejemplo de **hijas**, que solo incluye el femenino.

Cuaderno de ejercicios
Actividades 2 y 3

Posesivos

Reparta a sus estudiantes una hoja de papel y pídales que escriban su nombre en la parte superior. Anímelos a dibujar en la misma hoja un objeto conocido por todos, a colorearlo y a escribir su nombre. A continuación, muéstreles un tren rojo dibujado por usted (no olvide escribir su nombre y el del objeto al lado del dibujo). Diga: **Mi tren rojo**, y meta el dibujo dentro de una bolsa. Invite a los estudiantes a seguir su ejemplo. Después, cada alumno deberá sacar un papel al azar de la bolsa y conservarlo. Procure que a ningún estudiante le toque su propio papel. Organice la clase en dos grupos y pídales que se coloquen en el lugar más alejado posible el uno del otro.

Después, escriba en la pizarra la siguiente pregunta: **¿De quién es tu dibujo?** Y añada la respuesta: **Es de... Tengo tu/su...** Explíqueles que, por turnos, cada grupo deberá hacer a coro la pregunta a uno de sus compañeros. Este deberá responder siguiendo el modelo de la pizarra. Por ejemplo, si un estudiante tiene el dibujo de uno de sus compañeros de grupo, dirá dirigiéndose a sus compañeros de equipo: **Es de Karina. Tengo tu tren rojo.** Y deberá dárselo. En el caso de que Karina esté en el otro grupo, dirá dirigiéndose igualmente a sus compañeros de equipo: **Es de Karina. Tengo su dibujo.** Y deberá ir a dárselo también. A continuación, será el turno del otro equipo. Repita la misma dinámica hasta que todos los alumnos hayan recuperado su propio dibujo.

Cuaderno de ejercicios
Actividad 12

Verbo tener

Recupere las tarjetas utilizadas en la actividad 17, repase el vocabulario en clase abierta y escriba la lista en la pizarra. Organice a los estudiantes en grupos de tres y reparta tres tarjetas a cada uno de ellos. Anímelos a imaginar los objetos que tiene su compañero de la derecha. Para ello deberán hacer preguntas como **¿Tienes un globo?** El alumno que recibe la pregunta deberá decir: **Sí, tengo un globo** o **No, no tengo un globo**. En caso afirmativo, deberá poner la tarjeta en el centro de la mesa. Anímelos a jugar por turnos hasta que todos se queden sin cartas. Durante la realización de la actividad, pasee por el aula para comprobar que todos los grupos siguen la dinámica adecuadamente y resuelva posibles dudas.

Finalmente, pídales que mezclen y repartan nuevamente las cartas, esta vez una por persona. Por turnos, cada alumno deberá mirar las cartas de sus compañeros y decir tres frases: **Yo tengo un globo**; **Tú tienes una muñeca**; **Álex tiene un regalo**. Y así sucesivamente, repartiendo en cada ronda nuevas cartas.

SONIDOS

Esta sección tiene como objetivo principal familiarizarse con la pronunciación y la escritura de la letra **erre**.

19. ESCUCHA Y REPITE

Lleve al aula una cartulina con la letra **r** dibujada o recortada, preséntela a sus alumnos y anímelos a que la pronuncien con cada una de las vocales. Después, dígales que van a escuchar algunas palabras que contienen esta letra. Reproduzca la pista 38 y anímelos a repetirlas. En una segunda escucha, pídales que se levanten de la silla cuando oigan una palabra que empiece por la letra **r**.

Solución
Regalo, refresco, Rosa.

Hágales notar que la **r** inicial siempre se pronuncia fuerte y practique con ellos la pronunciación de estas palabras. En función de la lengua materna de sus estudiantes, es posible que algunos tengan problemas con la articulación de este sonido. Anímelos a practicar y refuércelos positivamente en todo momento.

20. ESCRIBE R O RR Y LEE EN VOZ ALTA

Escriba la palabra **regalo** en la pizarra. Tenga en cuenta que sus alumnos ya han practicado estas palabras y han aprendido que la **r** inicial siempre se pronuncia de manera fuerte. A continuación, escriba en la pizarra las palabras **caramelo**, **amarillo** y **piruleta**. Pronuncie las palabras y anime a sus alumnos a repetirlas, haciendo hincapié en el sonido suave de la letra **r** en estos casos.

Finalmente, escriba en la pizarra las palabras **perro**, **guitarra** y **carro** y enseñe a sus alumnos dos letras **r** recortadas en cartulina para presentar la **erre** doble. Pronuncie las palabras que ha escrito en la pizarra enfatizando el sonido fuerte. Haga hincapié en la diferencia de pronunciación entre la **r** y la **rr** en el interior de palabra y, sobre todo, en que la **r** se escribe doble cuando va entre vocales.

A continuación, pida a sus alumnos que completen con **r** o **rr** las palabras que acompañan las imágenes. Para ello, lea con ellos el modelo de la actividad y, después, anímelos a completar el resto de palabras de manera individual o en parejas. Haga una puesta en común en clase abierta y vaya escribiendo las palabras en la pizarra para ayudar en la comprobación.

21. LEE EN VOZ ALTA Y REPITE

Explique a sus alumnos que van a aprender una **rima** que tiene muchas palabras con **erre**. Explíqueles que una rima es una frase en la que se repiten sonidos y ponga algún ejemplo si lo considera oportuno. En primer lugar, lea usted las frases despacio en voz alta. Organice a los estudiantes en círculo y pida a uno de ellos que lea la primera parte de la frase, hasta el punto y coma. Después anime al compañero de la derecha a leer la siguiente frase y continúe hasta que cuatro alumnos hayan completado la rima. El quinto alumno tendrá que volver a empezar. Si lo estima conveniente, puede animarlos a decir las frases cada vez más rápido para aumentar la dificultad e introducir el componente lúdico.

Una vez terminada la unidad, puede volver a la ilustración principal para revisar algunos contenidos. Pregunte:

- ¿Cuántos niños hay?
- ¿Cuántos años cumple Leo?
- ¿Qué regalos recibe?
- ¿Qué beben?
- ¿Qué pone el padre en el árbol?
- ¿Qué canta el tío Calavera?

Puede plantearlo como un concurso de preguntas abiertas, un juego de verdadero o falso o un juego de preguntas de opción múltiple. También puede proponer a sus estudiantes que miren la imagen durante unos segundos, cierren el libro y respondan a las preguntas. De este modo, la actividad se convertirá en un juego de memoria.

Aproveche el final de la unidad para que aprendan la letra del *Cumpleaños feliz*. A lo largo del curso, anímelos a cantar la canción cada vez que haya un cumpleaños en la clase.

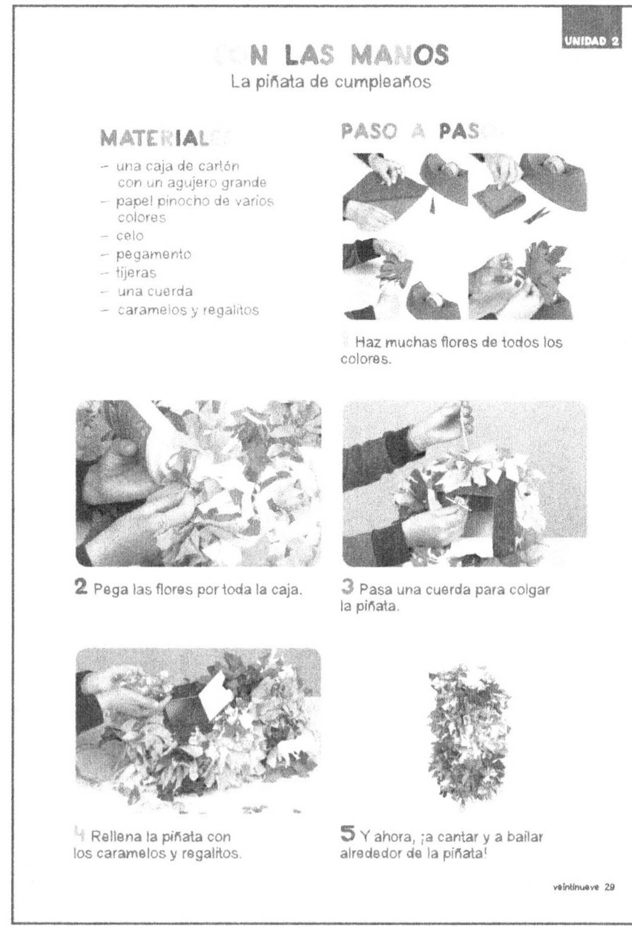

CON LAS MANOS
La piñata de cumpleaños

Explique a sus alumnos que van a elaborar una piñata de cumpleaños. Si está cerca el cumpleaños de alguno de los estudiantes, aproveche la ocasión para aumentar el nivel de motivación y sugiérales guardar alguna de las piñatas que hagan para celebrar los siguientes cumpleaños.

En una sesión anterior, recuerde pedir a los alumnos que lleven a clase todo el material necesario para la realización de la actividad. Es recomendable que usted prepare su propia piñata previamente y lleve el resultado al aula a modo de ejemplo.

Para la preparación de los materiales, lea con sus estudiantes la lista de lo que van a necesitar para la elaboración de la piñata y resuelva las dudas de vocabulario que puedan surgir. Para ello, puede ayudarse de la secuencia de imágenes que acompañan el desarrollo de la manualidad.

Una vez preparado el material, anime a sus estudiantes a que miren las fotos para que vayan descubriendo el proceso que van a seguir. En este caso, es recomendable organizar la clase en pequeños grupos para realizar las piñatas de manera conjunta. Durante la realización de la actividad, pasee por la clase y ayude a sus estudiantes en lo que necesiten. Anímelos a ser creativos y a decorar su piñata con los colores que más les gusten.

DESCUBRIR EL MUNDO
Familias de todo el mundo

El objetivo de esta sección es hablar sobre el concepto de familia y comentar algunos modelos diferentes de familias.

1. MIRA LAS FOTOS

Para comenzar, escriba en la pizarra la palabra **familia**. Aproveche el propio contexto del libro y pregunte a sus estudiantes por las familias de Lola y Leo. Remítalos a la página 8 del y pregúnteles:

1. ¿Cómo se llama la familia de Lola?
2. ¿Cómo se llama la familia de Leo?
3. ¿Hay alguna relación entre ellas?

Solución

1. Familia Martín Sandoval.
2. Familia Sandoval Rico.
3. Sí, Rosa y Carlos son hermanos, por eso llevan el mismo apellido (Sandoval). Por este mismo motivo, Lola y Leo son primos.

Puede aprovechar esta ocasión para comentar con sus estudiantes las costumbres relacionadas con los apellidos y los nombres de las familias en sus países.

Después, mirando todavía las imágenes de las páginas 8 y 9, pregúnteles: **¿Qué familia es más grande, la de Lola o la de Leo?** Y aproveche la ocasión para repasar juntos el vocabulario de la familia que ya estudiaron en la UNIDAD 2.

A continuación, remítalos a la página 30, dirija su atención a las fotos de las cuatro familias y pregúnteles:

- ¿Qué familia es la más grande? ¿Y la más pequeña?
- ¿Cuántas personas hay en cada familia? ¿Y niños?

Anímelos a comentar las diferencias que observan entre las imágenes y explíqueles que existen familias monoparentales, mixtas, con muchos hijos o un hijo único, etc. Después, puede pedir a los alumnos que comenten qué familia de las del libro se parece más a la suya. Para ello, puede pedirles que traigan una foto o recuperar el póster que trabajaron en la actividad 11 del CUADERNO DE EJERCICIOS para explicar a qué familia del libro se parece más la suya y por qué.

2. RELACIONA LAS FOTOS CON SU TARJETA

Explique a sus estudiantes que los niños de las fotografías han hecho una descripción de su familia. Organice la clase por parejas y anímelos a que lean las descripciones y a que las relacionen con las fotografías. Compruebe sus respuestas en clase abierta.

Solución

João: C Mehmet: D Xiaomei: B Gabriel: A

Si los alumnos han traído la foto de su familia a clase, pídales que escriban una pequeña descripción sobre ella siguiendo el modelo de la actividad. Después, organice la clase en grupos de cuatro o cinco, reparta una cartulina por grupo y pídales que peguen en ella las fotos y las descripciones de sus familias. Cuelgue las cartulinas en diferentes lugares de la clase y organice a los grupos para que vayan pasando por todas. La tarea consiste en relacionar las fotos de las familias de sus compañeros con las descripciones que cada estudiante ha escrito, tal y como han hecho en las actividades 1 y 2.

3. DECORA UN BESO MUY BONITO PARA TU FAMILIA

Escriba en la pizarra la palabra **beso** y haga el gesto con la boca para ayudar a sus estudiantes a reconocer el significado. Anímelos a comentar si para ellos es normal besar o abrazar a familiares o amigos. Escuche sus aportaciones y comparta con ellos sus costumbres como hispanohablante.

Fije la atención de sus estudiantes en la imagen del beso de ejemplo de la actividad y explíqueles que tienen la oportunidad de pintar y decorar un beso muy especial para su familia. Ofrézcales la opción de pintarlo en hojas de papel sueltas para regalárselo a sus familiares. Anímelos a que sean originales y a pintar tantos besos como quieran regalar.

Locos por la música

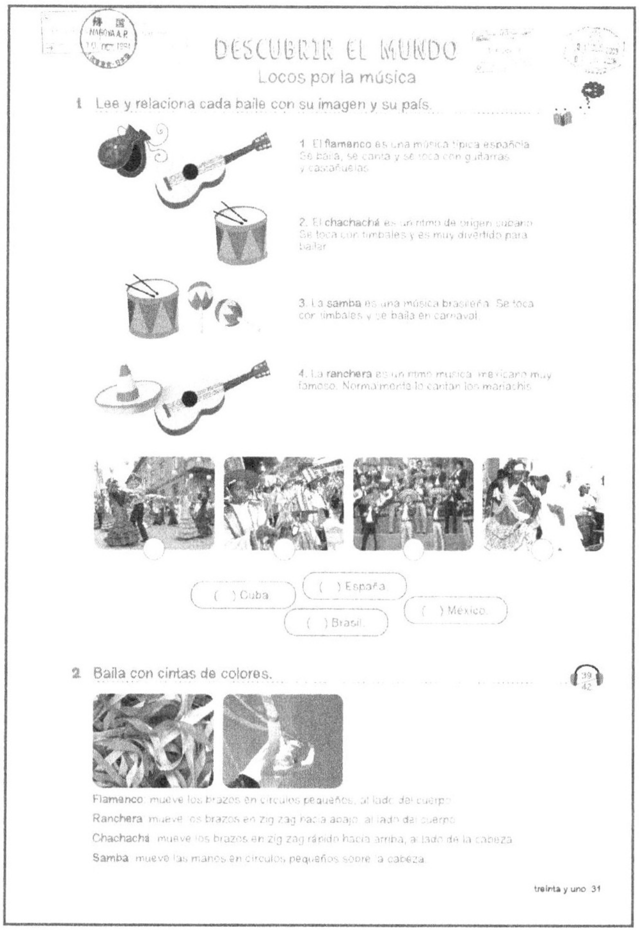
DESCUBRIR EL MUNDO
Locos por la música

1 Lee y relaciona cada baile con su imagen y su país.

1. El **flamenco** es una música típica española. Se baila, se canta y se toca con guitarras y castañuelas.

2. El **chachachá** es un ritmo de origen cubano. Se toca con timbales y es muy divertido para bailar.

3. La **samba** es una música brasileña. Se toca con timbales y se baila en carnaval.

4. La **ranchera** es un ritmo musical mexicano muy famoso. Normalmente lo cantan los mariachis.

( ) Cuba ( ) España ( ) Brasil ( ) México

2 Baila con cintas de colores.

Flamenco: mueve los brazos en círculos pequeños, al lado del cuerpo.
Ranchera: mueve los brazos en zig zag hacia abajo, al lado del cuerpo.
Chachachá: mueve los brazos en zig zag rápido hacia arriba, al lado de la cabeza.
Samba: mueve las manos en círculos pequeños sobre la cabeza.

treinta y uno 31

El objetivo de esta sección es conocer diferentes bailes y relacionarlos con sus países de origen.

1. LEE Y RELACIONA CADA BAILE CON SU IMAGEN Y PAÍS

Pregunte a sus alumnos si les gusta la música y si saben tocar algún instrumento. Tenga en cuenta que todavía no conocen los nombres de los instrumentos musicales, que se trabajarán en la unidad siguiente. No obstante, aproveche para adelantar el vocabulario más significativo anotando en la pizarra el nombre de los instrumentos que sus alumnos sepan tocar.

A continuación, remítalos a los dibujos de la actividad y trabaje con ellos los nombres de estos instrumentos y anote los nombres en la pizarra.

Solución

- Castañuelas
- Guitarra
- Tambor
- Maracas

Explíqueles que esos instrumentos sirven para tocar diferentes tipos de música. Lea con ellos los nombres de los cuatro bailes que aparecen en los textos y, después, pregúnteles: **¿De qué país es cada baile?** Anímelos a leer los textos y a subrayar las palabras que les puedan ayudar a descubrirlo. En las UNIDADES 0 y 2 ya han trabajado los países y las nacionalidades, por lo que no deberían tener problemas para solucionar la actividad. Si dispone de proyector en el aula, puede mostrar a sus alumnos dónde se localizan estos países.

Solución

1. española (España)
2. cubano (Cuba)
3. brasileña (Brasil)
4. mexicano (México)

Para terminar, anímelos a que, en parejas, relacionen cada baile con la imagen y el país correspondiente. Realice la puesta en común en clase abierta y, si tiene la posibilidad, lleve al aula un pequeño fragmento de vídeo de cada tipo de baile.

Solución

1. Flamenco: foto 1. España
2. Chachachá: foto 4. Cuba
3. Samba: foto 2. Brasil
4. Ranchera: foto 3. México

Nota cultural

Flamenco: estilo de música y danza propio, fundamentalmente, de Andalucía. En 2010, el flamenco fue declarado Patrimonio Cultural Inmaterial de la Humanidad por la UNESCO.

Chachachá: estilo de música originario de Cuba, creado en 1953 por el compositor y guitarrista Enrique Jorrín. Se practica en escuelas y academias de baile de todo el mundo.

Samba: género musical propio de Brasil que cuenta con raíces africanas. Es una de las principales manifestaciones de la cultura popular brasileña y un símbolo de identidad nacional.

Ranchera: género folclórico de la música mexicana que se asocia fundamentalmente con los mariachis. En origen, las letras estuvieron relacionadas con la Revolución mexicana, el amor, el campo o los bares. En la actualidad se centran principalmente en el amor romántico.

2. BAILA CON CINTAS DE COLORES

Explique a sus alumnos que van a escuchar cuatro fragmentos de canciones (**flamenco**, **chachachá**, **samba** y **ranchera**) y que van a aprender cómo se mueven las manos y los brazos en cada uno de los bailes. Tenga preparadas cintas de colores para repartir entre los niños y pídales que se levanten y practiquen juntos. Comience por el flamenco siguiendo las instrucciones de baile de la actividad o proponiendo movimientos nuevos. Reproduzca la pista 39 y bailen todos juntos. Repita la misma dinámica con los siguientes bailes.

Para terminar, propóngales que, por grupos, creen una nueva coreografía. Adjudique a cada grupo un baile y, cuando estén preparados, anímelos a que lo presenten al resto de los compañeros y a que lo bailen todos juntos, siguiendo la coreografía que proponga cada grupo.

El objetivo de la doble página de entrada es introducir los temas relacionados con la clase y la música y activar los conocimientos previos de los estudiantes a través de la ilustración y del audio que la acompaña.

ANTES DE...

Con el libro cerrado, reproduzca la pista 43 y pregunte a sus alumnos dónde creen que se desarrolla la acción. Basándose en los sonidos que acaban de escuchar, es previsible que comenten que están **en clase** o **en la escuela**.

Escriba en la pizarra el nombre de tres asignaturas (**Matemáticas**, **Música**, **Educación Física**) y resuelva las dudas de vocabulario que puedan surgir mediante gestos o recurriendo a la lengua de sus estudiantes.

A continuación, pregúnteles qué clase creen que va a comenzar según el audio y anímelos a que elijan entre una de las tres opciones que usted acaba de presentarles. Debido a los instrumentos que se escuchan en el audio, lo esperable es que digan que se trata de la **clase de música**.

ILUSTRACIÓN

Pida a sus alumnos que abran el manual por la página 32 y pregúnteles si reconocen alguno de los personajes de la imagen (seguramente identificarán a Lola). Después, reproduzca de nuevo la pista 43 y anímelos a relacionar los sonidos con los elementos de la imagen.

Propuesta de solución

Ruido de sillas, la cremallera de una mochila o de un estuche, un sacapuntas, lápices, papeles, una guitarra, unas maracas, un violín, la voz del profesor, voces de niños...

Si lo considera oportuno, proponga a sus alumnos ampliar el vocabulario de la ilustración. Tenga preparados pósits pequeños, repártalos entre sus estudiantes y anímelos a observar de nuevo la imagen. A continuación, pídales que vayan pegando los pósits sobre las palabras que les gustaría conocer en español. Pasee por la clase y vaya solucionando las dudas de vocabulario que le planteen sus alumnos.

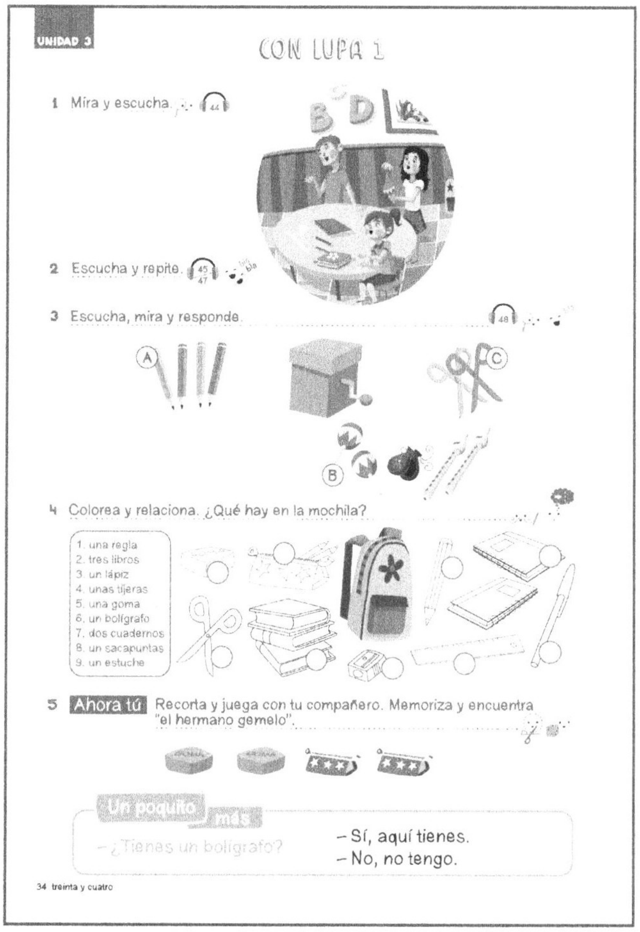
UNIDAD 3

CON LUPA 1

1 Mira y escucha. 44

2 Escucha y repite. 45-47

3 Escucha, mira y responde. 48

A B C

4 Colorea y relaciona. ¿Qué hay en la mochila?

1. una regla
2. tres libros
3. un lápiz
4. unas tijeras
5. una goma
6. un bolígrafo
7. dos cuadernos
8. un sacapuntas
9. un estuche

5 Ahora tú Recorta y juega con tu compañero. Memoriza y encuentra "el hermano gemelo".

Un poquito más

– ¿Tienes un bolígrafo?

– Sí, aquí tienes.
– No, no tengo.

34 treinta y cuatro

CON LUPA 1

El objetivo de esta sección es que los alumnos se familiaricen con el léxico del material escolar y de algunos instrumentos musicales.

1. MIRA Y ESCUCHA

Centre la atención de los alumnos en la imagen y pregúnteles: **¿Cuántos niños hay?**; **¿Qué tiene Lola en las manos?** Sería interesante que aprovechara la ocasión para preparar de antemano las maracas que propone la sección CON LAS MANOS. De esta manera, podría preguntarles qué tiene Lola en las manos y hacer sonar sus propias maracas al mismo tiempo, lo que aumentaría la motivación de sus estudiantes. Si no cuenta con los medios necesarios, escriba la palabra **maracas** en la pizarra y asegúrese de que comprenden el significado.

Solución

- Hay tres niños (dos niñas y un niño).
- Lola tiene en las manos unas maracas / un instrumento musical.

Remítalos de nuevo a la imagen y pregúnteles: **¿Qué hay en la mesa?** Es posible que ya conozcan algunas de estas palabras si las han trabajado en la página de entrada. De todos modos, escriba en la pizarra **dos lápices**, **un cuaderno**, **dos reglas**, **un estuche, un sacapuntas**. Trabaje con ellos el vocabulario y, después, añada otra pregunta: **¿Qué otras cosas veis en la imagen?** Escuche sus respuestas y aclaren entre todos los elementos que se ven y cómo se dicen en español.

Solución

Hay una mesa, una silla, letras (A, B, C), una rana (en un cuadro o un póster), una mochila.

A continuación, remítalos de nuevo a la página 32 y pregúnteles: **¿Qué tiene el profesor en la mano?** En este punto de la secuencia, sus alumnos ya conocen la palabra **caja**, por lo que puede ser que la mencionen. Después, pregúnteles qué creen que hay dentro de la caja y explíqueles que van a escuchar un audio para averiguarlo. Reproduzca la pista 44 y anime a los estudiantes a contestar a la pregunta.

Solución

En la caja hay instrumentos musicales.

2. ESCUCHA Y REPITE

Reproduzca las pistas 45, 46 y 47 y anime a los alumnos a repetir las frases que escuchan. Puede pedir a los estudiantes que las repitan a coro o de manera individual (por turnos), dependiendo del número de alumnos que haya en la clase o del nivel de ansiedad que les pueda generar repetir las frases uno por uno.

3. ESCUCHA, MIRA Y RESPONDE

Centre la atención de los alumnos en las imágenes y pregunte: **¿Qué hay en la caja?** Explique a sus estudiantes que van a escuchar la pregunta del profesor y que ellos deberán escribir las respuestas al lado de las imágenes correspondientes. Concédales el tiempo necesario para escribir y, al finalizar, realice la comprobación en clase abierta.

Solución

A. Lápices
B. Castañuelas, flautas y unas maracas
C. Tijeras

4. COLOREA Y RELACIONA. ¿QUÉ HAY EN LA MOCHILA?

Muestre a sus alumnos una mochila y pregúnteles qué es. Escriba en la pizarra la palabra **mochila** si sus estudiantes no la conocen. Explíqueles que dentro de la mochila hay muchas cosas que necesitan para sus clases y dirija su atención a la imagen de la actividad. Dígales que lean el cuadro de la izquierda, anímelos a relacionar las palabras de la lista con las imágenes y pídales que escriban los números en el círculo correspondiente. Ponga un ejemplo en grupo clase y asegúrese de que comprenden las instrucciones. Cuando todos los estudiantes hayan terminado, haga la corrección en clase abierta.

Finalmente, invítelos a colorear los dibujos de los objetos. Pasee entre las mesas y pregunte a cada uno de ellos: **¿Qué hay en la mochila?** Guíelos para producir frases del tipo **Una regla verde**; **Unas tijeras rosas**...

Cuaderno de ejercicios
Actividad 1

5. AHORA TÚ. RECORTA Y JUEGA CON TU COMPAÑERO. MEMORIZA Y ENCUENTRA "EL HERMANO GEMELO"

Remita a sus alumnos a la actividad 5 de la página 73 y pídales que recorten las tarjetas de los objetos de la clase. A continuación, dígales que van a jugar al *Memory* o al *Hermano gemelo*. Es posible que sus estudiantes conozcan la dinámica de este juego; de lo contrario, explique el procedimiento detenidamente. Coloque un juego de tarjetas boca abajo en una mesa en el centro del aula. Por turnos, deberán dar la vuelta a dos tarjetas al azar y decir en voz alta el nombre de los objetos. Si los dos objetos son iguales, el estudiante se quedará con las tarjetas y ganará un punto. De lo contrario, deberá volver a situarlas boca abajo en el mismo lugar en el que estaban. Ganará el estudiante que consiga más puntos una vez que se hayan agotado todas las tarjetas.

Cuaderno de ejercicios
Actividad 4

UN POQUITO MÁS

En este apartado, los alumnos aprenderán a pedir material escolar utilizando la estructura **¿Tienes...?** Antes de comenzar, recuerde en clase abierta la conjugación del verbo **tener**, que los estudiantes aprendieron en la UNIDAD 2. A continuación, lea el ejemplo que aparece en el libro y anime a los alumnos a inventar diálogos similares con otros objetos. Para ello, organice la clase por parejas y explique a sus estudiantes que deben meter en su estuche cinco objetos de la clase, pero insista en que tiene que ser material que sepan nombrar en español. Después, anímelos a representar los diálogos.

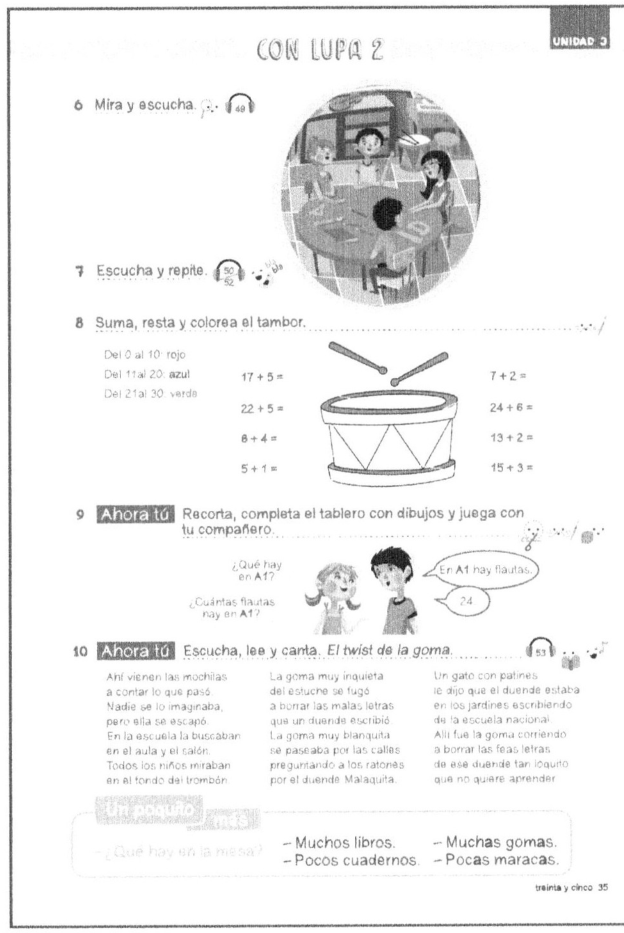

UNIDAD 3

CON LUPA 2

6 Mira y escucha. 49

7 Escucha y repite. 50-52

8 Suma, resta y colorea el tambor.

Del 0 al 10: rojo
Del 11al 20: azul
Del 21al 30: verde

17 + 5 =
22 + 5 =
6 + 4 =
5 + 1 =
7 + 2 =
24 + 6 =
13 + 2 =
15 + 3 =

9 Ahora tú Recorta, completa el tablero con dibujos y juega con tu compañero.

¿Qué hay en A1?
En A1 hay flautas.
¿Cuántas flautas hay en A1?
24.

10 Ahora tú Escucha, lee y canta. *El twist de la goma.* 53

Ahí vienen las mochilas
a contar lo que pasó.
Nadie se lo imaginaba,
pero ella se escapó.
En la escuela la buscaban
en el aula y el salón.
Todos los niños miraban
en el fondo del trombón.

La goma muy inquieta
del estuche se fugó
a borrar las malas letras
que un duende escribió.
La goma muy blanquita
se paseaba por las calles
preguntando a los ratones
por el duende Malaquita.

Un gato con patines
le dijo que el duende estaba
en los jardines escribiendo
de la escuela nacional.
Allí fue la goma corriendo
a borrar las feas letras
de ese duende tan loquito
que no quiere aprender.

Un poquito más

–¿Qué hay en la mesa?
– Muchos libros.
– Pocos cuadernos.
– Muchas gomas.
– Pocas maracas.

treinta y cinco 35

CON LUPA 2

El objetivo de esta sección es que los estudiantes aprendan a preguntar e informar sobre la existencia de objetos y a expresar cantidades.

6. MIRA Y ESCUCHA

Dirija la atención de sus alumnos hacia la imagen y anímelos a reconocer los objetos que aparecen en ella. Es previsible que mencionen términos que han aprendido anteriormente, como **tambor**, **flauta**, **regla**, **lápiz** o **cuaderno**. A continuación, escriba en la pizarra la pregunta **¿Cuántos niños hay?** Es posible que respondan **Cuatro niños**. En ese caso, centre su atención en la pregunta que ha escrito y subraye el verbo **hay**. A continuación, escriba **Hay cuatro niños** y, de nuevo, marque el verbo. A continuación, pregunte: **¿Cuántos niños hay en esta clase de español?** Anímelos a contar el número de personas que hay en su aula y a responder con la frase completa: **En la clase hay**...

Después, centre de nuevo su atención en la imagen de la actividad y explíqueles que van a escuchar a los personajes hablando sobre el número de estudiantes que hay en algunas de sus clases. Entregue a cada pareja las tarjetas de la FICHA FOTOCOPIABLE 4 e invítelos a relacionar las frases de acuerdo con lo que escuchen en el audio. Reproduzca la pista 49 las veces que considere necesario.

Solución de la FICHA FOTOCOPIABLE 4

- Danza: diez (10) niños
- Guitarra: veinte (20) niños
- Teatro: cinco (5) niños
- Equipo de fútbol: muchos niños y muchas niñas

Una vez corregida la actividad, dirija la atención de sus estudiantes al apartado UN POQUITO MÁS. Lea con ellos el contenido y asegúrese de que comprenden la diferencia entre **muchos/as** y **pocos/as**. Para ello, lleve al aula un paquete de caramelos. Ponga un montón encima de la mesa y pregunte a los niños: **¿Qué hay en la mesa?** Es esperable que mencionen la palabra **caramelos**, ya que la han visto previamente. A continuación, pregunte: **¿Hay muchos o pocos caramelos?** Puede acompañar la pregunta con gestos que faciliten la comprensión. Escriba en la pizarra **Hay muchos caramelos**. A continuación, quite algunos caramelos del montón y vuelva a formular la misma pregunta. Escriba en la pizarra **Hay pocos caramelos**. Realice la misma operación con piruletas para que los estudiantes sean conscientes del cambio de género.

Para practicar este contenido, puede remitir a sus estudiantes a la página 32. Pídales que observen la imagen y pregúnteles: **¿Cuántos niños hay en la clase, muchos o pocos?** Y espere su respuesta: **Muchos**. A continuación, pregunte por otros objetos que conozcan, como **la guitarra**, **las mochilas**, **los libros** o **los instrumentos musicales**. Si lo estima conveniente, también puede utilizar la actividad para practicar los números del 1 al 15.

7. ESCUCHA Y REPITE

Reproduzca las pistas 50, 51 y 52 y anime a los estudiantes a repetir las frases. Si lo estima necesario, puede ir pausando el audio después de cada una de ellas. Pida a los estudiantes que las repitan a coro o de manera individual (por turnos), dependiendo del número de alumnos que haya en la clase o del nivel de ansiedad que les pueda generar repetir las frases uno por uno. Tenga en cuenta que todavía no conocen los números del 16 al 30, por lo que este ejercicio de repetición será útil para ir tomando contacto con ellos.

En una segunda escucha, escriba las preguntas en la pizarra: **¿Cuántos niños hay en la clase de guitarra?**; **¿Cuántas sillas hay en la clase de música?**; **¿Cuántos libros hay en la biblioteca?** Vaya anotando las respuestas (escriba los números en letra y en cifra) en la pizarra para facilitar la comprensión de los alumnos y ayudarlos a familiarizarse con las cifras. Reproduzca de nuevo las pistas 50, 51 y 52.

Solución

- Hay veinte niños (20).
- Hay veintitrés sillas (23).
- Hay treinta libros (30).

8. SUMA, RESTA Y COLOREA EL TAMBOR

Antes de empezar la actividad, repase los números del 1 al 15. Anime a los estudiantes a levantarse y pídales que formen un círculo en el centro del aula. Comience usted tirando la pelota a un niño y diciendo el número **1**. Anímelos a ir pasándosela unos a otros y nombrando los números en orden hasta el **15**. Después de realizar una primera ronda, puede aumentar el nivel de dificultad del ejercicio. Diga a sus alumnos que en esta ocasión no podrán decir los números que contengan un **5** y que estos deberán ser sustituidos por la palabra **¡Bum!**

A continuación, entregue a sus alumnos la FICHA FOTOCOPIABLE 5. En el apartado A, encontrarán los números del 16 al 30 escritos en número y en letra. Trabaje este contenido con ellos para practicar y fijar los números. Para ello, usted puede ir leyendo los números y animar a sus alumnos a que los vayan repitiendo a coro. Después, diga un número al azar y pida a sus alumnos que le digan el siguiente. Realice esta dinámica las veces que considere necesario. Luego, centre su atención en el apartado B, donde encontrarán una tabla para jugar al bingo con algunos números escritos. Pídales que completen las casillas en blanco e insista en que no pueden repetir ningún número. Cuando todos hayan completado sus fichas, usted irá diciendo números (entre el 16 y el 30) y los alumnos tendrán que ir tachándolos a medida que los escuchen. Gana el estudiante que antes consiga completar su tabla y grite **¡Bingo!**

A continuación, escriba en la pizarra el signo **+** y pregunte a sus estudiantes cómo se dice en español. Puesto que lo aprendieron en la UNIDAD 2, es previsible que mencionen la palabra **más**. Centre su atención en las sumas de la actividad y pídales que las calculen. Organice la clase por parejas para disminuir el nivel de ansiedad y fomentar el aprendizaje cooperativo. Corrija los resultados en grupo clase.

Solución

17 + 5 = 22	7 + 2 = 9
22 + 5 = 27	24 + 6 = 30
8 + 4 = 12	13 + 2 = 15
5 + 1 = 6	15 + 3 = 18

Después de la corrección, anime a sus estudiantes a fijarse en la imagen del tambor. Explíqueles que deberán colorearlo siguiendo el código de color que aparece a la izquierda de la actividad. Asegúrese de que todos comprenden las instrucciones y pasee entre las mesas para resolver posibles dificultades. Cuando terminen, anime a sus alumnos a comparar sus tambores para comprobar si los han coloreado de la misma manera.

Para practicar los números del **0** al **30**, piense una cifra y escríbala en una hoja de papel sin que sus alumnos lo vean. Explíqueles que su objetivo es adivinar el número secreto.

Anime a uno de los estudiantes a decir un número. Responda diciendo **más** o **menos**. Puede ir escribiendo los números mencionados por los alumnos en la pizarra para que sirva de apoyo visual al grupo y no repitan cifras. Haga que los alumnos participen hasta que un estudiante acierte el número secreto. Este alumno será el encargado de salir a la pizarra y pensar el siguiente número secreto. Repita la actividad las veces que considere oportuno.

Cuaderno de ejercicios
Actividades 9, 10 y 11

9. AHORA TÚ. RECORTA, COMPLETA EL TABLERO CON DIBUJOS Y JUEGA CON TU COMPAÑERO

Remita a sus estudiantes al tablero de la página 73 y anímelos a recortar la tabla que aparece en la actividad 9. Una vez que la hayan recortado, pídales que dibujen un objeto de la clase en cada una de las casillas. Puede sugerirles dejar alguna en blanco.

Después, remita a sus alumnos al ejemplo de la actividad, léanlo en clase abierta y asegúrese de que todos comprenden en qué consiste el juego. Después, organice a los niños por parejas y anímelos a que se pregunten siguiendo el modelo. Puede poner algunos ejemplos en grupo clase para asegurarse de que han entendido la dinámica. Haga hincapié en la concordancia **cuántos/cuántas** para formular las preguntas.

Cuaderno de ejercicios
Actividades 6, 7 y 8

10. AHORA TÚ. ESCUCHA, LEE Y CANTA. *EL TWIST DE LA GOMA*

Explique a los alumnos que van a escuchar la canción de la unidad: *El twist de la goma*. Antes de realizar la primera escucha, anímelos a leer la letra y subrayar los objetos de la clase y los instrumentos musicales que aparecen en ella.

Solución
Mochilas, goma, estuche, trombón.

Escuche la canción con sus estudiantes e incorpore gestos y movimientos en distintos puntos. Anímelos a repetirlos con usted y a moverse por el aula. La actividad física, unida a la música, puede contribuir a aumentar su motivación. En posteriores escuchas, pida a los estudiantes que, en función de sus capacidades, canten toda o parte de la letra.

Tenga en cuenta que esta canción es más larga que las demás, por lo que la letra no está completa en el LIBRO DEL ALUMNO. Sin embargo, recuerde que dispone de las letras de las canciones en PDF descargable e imprimible en **lolayleo.difusion.com** y **campus.difusion.com**.

UN POQUITO MÁS

En este apartado se trabajan los términos **pocos/muchos** seguidos de un nombre masculino plural y **pocas/muchas** seguidos de un nombre femenino plural. Se recomienda introducir este contenido a lo largo de la actividad 6.

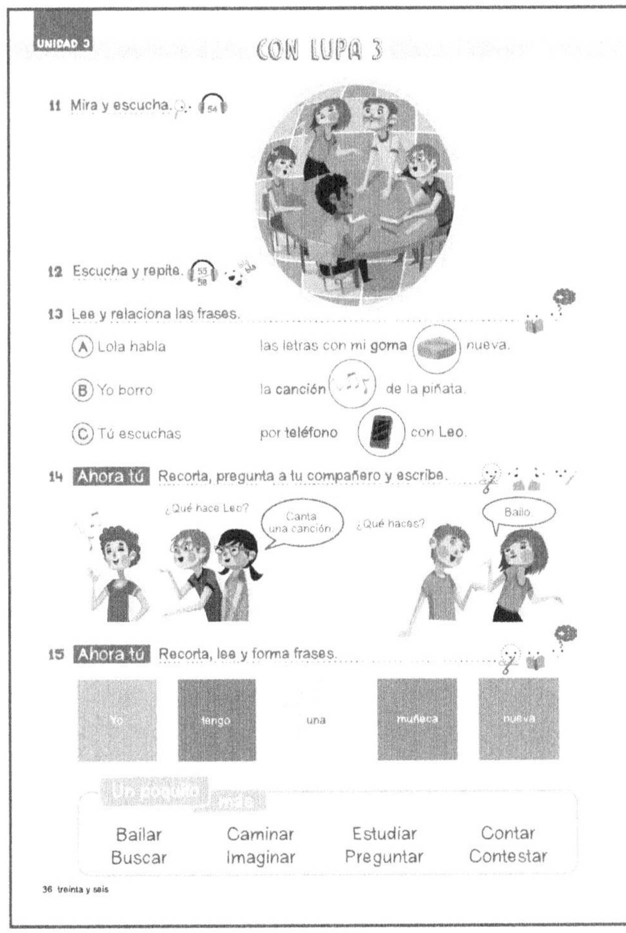

CON LUPA 3

El objetivo de esta sección es que los alumnos sean capaces de hablar de la rutina y de las actividades de la clase.

11. MIRA Y ESCUCHA

Centre la atención de sus alumnos en la imagen de la actividad y pregúnteles: **¿Cuántos niños hay?**; **¿Dónde están?** Lo esperable es que respondan: **Hay cinco niños. Están en clase**. A continuación, pregúnteles: **¿Qué hacen los niños?** Acepte todas las posibles respuestas, como **hablar**, **jugar**, **leer**... Finalmente, indique a sus alumnos que los niños de la imagen están hablando sobre su material escolar. Entrégueles la FICHA FOTOCOPIABLE 6 y obsérvela con ellos. En ella encontrará imágenes de los objetos que se nombran en el audio (**un lápiz rojo**, **una goma**, **un lápiz azul**, **un libro** y **un cuaderno**). Explíqueles que van a escuchar un audio y que tienen que escribir el orden en el que se nombran los objetos de la ficha. Antes de comenzar, sería recomendable repasar en clase abierta el vocabulario de la ficha para facilitar la comprensión.

Reproduzca la pista 54 y anime a sus estudiantes a completar la información. Repita el audio las veces que considere necesario y haga la comprobación en clase abierta.

Solución de la FICHA FOTOCOPIABLE 6

1. Un lápiz rojo
2. Una goma
3. Un lápiz azul
4. Un libro
5. Un cuaderno

12. ESCUCHA Y REPITE

Para preparar la escucha, anote en la pizarra los siguientes verbos: **escribir**, **borrar**, **hablar** y **saltar**. Tome como ejemplo el primer verbo (**escribir**) y haga el gesto correspondiente para aclarar el significado. Proceda de la misma forma con el resto de infinitivos.

Reproduzca las pistas 55, 56, 57 y 58 y haga una breve pausa después de cada una para que los estudiantes tengan tiempo de repetir las frases. Puede pedir a los estudiantes que las repitan a coro o de manera individual (por turnos), dependiendo del número de alumnos que haya en la clase o del nivel de ansiedad que les pueda generar repetir las frases uno por uno.

13. LEE Y RELACIONA LAS FRASES

Pida a los alumnos que observen con atención la actividad y deles tiempo para leer los fragmentos de manera individual. A continuación, explíqueles que tienen que formar tres frases relacionando las dos columnas. Asegúrese de que todos comprenden la dinámica y concédales unos minutos para que hagan la actividad en su cuaderno. Pasee por el aula para comprobar el trabajo de los estudiantes y solucionar posibles dudas. En este punto de la secuencia es recomendable que remita a sus alumnos al apartado de GRAMÁTICA VISUAL de la página 38 para repasar con detenimiento la conjugación regular de las tres personas del singular.

Solución

A. Lola habla por teléfono con Leo.

B. Yo borro las letras con mi goma nueva.

C. Tú escuchas la canción de la piñata.

14. AHORA TÚ. RECORTA, PREGUNTA A TU COMPAÑERO Y ESCRIBE

Remita a sus alumnos a la actividad 14 de la página 75 y anímelos a recortar las tarjetas. Después, organice la clase por parejas. Un alumno de cada pareja utilizará la ficha del **Estudiante A** y el otro la del **Estudiante B**. En primer lugar, anímelos a trabajar individualmente conjugando los verbos que tienen entre paréntesis. Utilice el ejemplo de la actividad 14 como modelo. Puede repasar la conjugación del verbo **hacer** antes de comenzar la actividad si lo considera necesario. Pasee entre las mesas para comprobar que realizan la actividad de forma correcta y solucione posibles dudas. A continuación, explíqueles que tendrán que completar las frases que faltan en su ficha y que para ello deberán, por turnos, preguntar a su compañero. Pasee por el aula y compruebe que todas las parejas realizan la dinámica de forma adecuada.

Después, proponga a los estudiantes una actividad de mímica. Escriba en la pizarra la pregunta **¿Qué hago?** y gesticule para representar el verbo **bailar**. El juego consiste en que los alumnos adivinen la acción. En función del número de estudiantes, puede plantear la dinámica en clase abierta u organizar pequeños grupos. Para la realización de esta actividad, puede utilizar los verbos del apartado UN POQUITO MÁS: lea con sus estudiantes el apartado, solucione las dudas de vocabulario que puedan surgir y pídales que elijan un verbo con el que hacer mímica. Recuérdeles que, cuando empiecen a representar, deben formular siempre a sus compañeros la pregunta **¿Qué hago?** Ellos tendrán que responder con el verbo adecuado. Si prefiere, puede escribir los verbos en tarjetas para que los alumnos las vayan sacando, leyendo y representando.

15. AHORA TÚ. RECORTA, LEE Y FORMA FRASES

Pida a sus alumnos que recorten las tarjetas de colores de la página 75. A continuación, explíqueles que deben formar frases correctas utilizando las tarjetas. Centre su atención en el ejemplo de la página 36. Si lo considera necesario, ponga algún ejemplo más usando las mismas tarjetas. Haga especial hincapié en la concordancia, remarque que deben usar elementos de distintos colores y asegúrese de que los estudiantes entiendan la dinámica.

Tenga en cuenta el código de color de las tarjetas y recuerde que se mantiene a lo largo de todo el manual:

- **Rosa**: pronombres personales (en este caso se ha optado por incluir los nombres propios **Lola** y **Leo** en rosa —en lugar de ponerlos en verde— para ayudar a los estudiantes a incluirlos como sujeto de las frases)
- **Rojo**: verbo
- **Amarillo**: artículos
- **Verde**: sustantivos
- **Azul**: adjetivos

Puede hacer la actividad con diferentes agrupamientos. Si la plantea de manera individual, cada alumno formará y escribirá sus propias frases. De esta forma, se prestará atención a los diferentes ritmos de aprendizaje. En la corrección se puede pedir a los alumnos que salgan a la pizarra por turnos para escribir una de sus frases. Los compañeros deberán decir si la frase es correcta o tiene algún error. Otra posibilidad es organizar a los estudiantes por parejas. La actividad se realizará del mismo modo que individualmente, pero cuando llegue el turno de salir a la pizarra, uno de los miembros de la pareja será el responsable de escribir la frase mientras su compañero se la dicta. Como variación, puede plantear la actividad de forma más lúdica. Organice a los estudiantes por equipos y proponga una competición. Cada grupo deberá crear el mayor número de frases correctas en el tiempo establecido.

Cuaderno de ejercicios
Actividad 13

UN POQUITO MÁS

Este apartado recoge y amplía algunos verbos en infinitivo que aparecen en la sección CON LUPA 3. Se recomienda revisarla durante la realización de la actividad 14. Es importante tener en cuenta que todos los verbos que aparecen en este apartado pertenecen a la primera conjugación.

Organice la clase por parejas y reparta las FICHAS FOTOCOPIABLES 7.A y 7.B, una para cada miembro de la pareja. En ellas encontrarán la mitad de los verbos del apartado ya conjugados a modo de ejemplo y la otra mitad sin conjugar. Pida a las parejas que trabajen de manera individual para completar cada uno su ficha. Para realizar la corrección, anímelos a que consulten las respuestas con la ficha de su pareja y repasen juntos la conjugación de todos los verbos del cuadro.

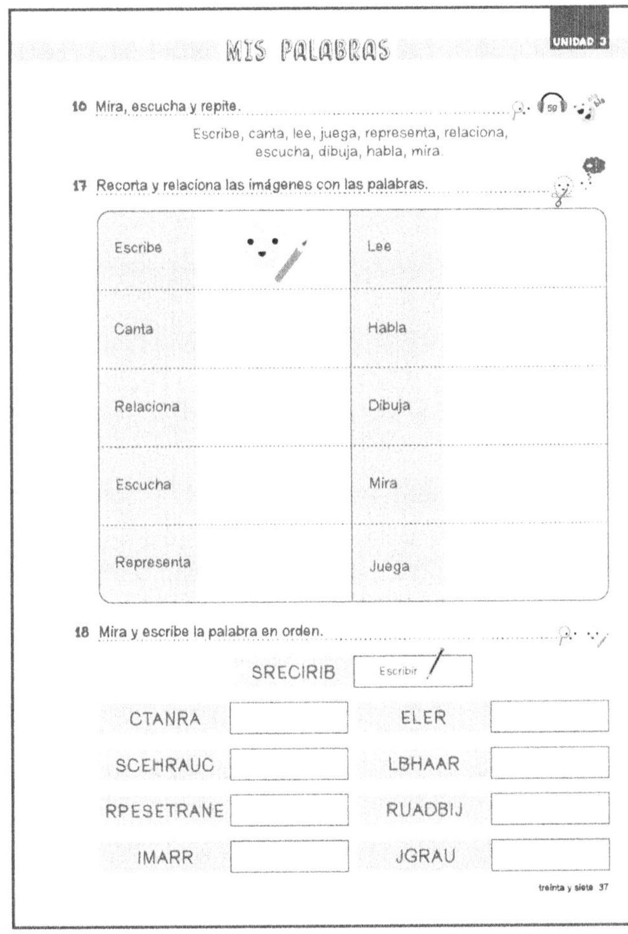

UNIDAD 3

MIS PALABRAS

16 Mira, escucha y repite.

Escribe, canta, lee, juega, representa, relaciona, escucha, dibuja, habla, mira.

17 Recorta y relaciona las imágenes con las palabras.

Escribe	Lee
Canta	Habla
Relaciona	Dibuja
Escucha	Mira
Representa	Juega

18 Mira y escribe la palabra en orden.

SRECIRIB	Escribir		
CTANRA		ELER	
SCEHRAUC		LBHAAR	
RPESETRANE		RUADBIJ	
IMARR		JGRAU	

treinta y siete 37

MIS PALABRAS

Esta sección tiene como objetivo principal recoger y practicar todo el contenido léxico de la unidad para trabajarlo de manera focalizada y significativa.

16. MIRA, ESCUCHA Y REPITE

Anime a sus alumnos a leer los verbos que aparecen en la actividad y aclare las dudas que pudieran surgir. A continuación, reproduzca la pista 59 y pida a los estudiantes que repitan los verbos de forma coral. En una segunda escucha, haga una repetición individual por turnos.

17. RECORTA Y RELACIONA LAS IMÁGENES CON LAS PALABRAS

Remita a los alumnos a la página 75 y pídales que recorten los iconos que aparecen en la actividad 17. A continuación, organice la clase por parejas y anímelos a pegarlos en la tabla de la actividad de la página 37, al lado del verbo correspondiente. Recuerde a los estudiantes que estos iconos aparecen en cada una de las actividades del manual y que sirven para comprender mejor las instrucciones. Realice la comprobación en parejas, primero, y luego haga una ronda en clase abierta para asegurarse de que todos los estudiantes han hecho la actividad correctamente.

18. MIRA Y ESCRIBE LAS PALABRAS EN ORDEN

Explique a sus estudiantes que todos los libros de la clase se han caído al suelo y que hay algunas palabras que se han desordenado. Centre la atención de sus alumnos en el ejemplo del libro y pídales que ordenen las letras del resto de las palabras de manera individual siguiendo el modelo. Después, anímelos a comparar sus resultados con un compañero y finalmente haga una comprobación en clase abierta. Es recomendable que vaya escribiendo las palabras en la pizarra para asegurarse de que se resuelven todas las dudas.

Solución

- Cantar
- Escuchar
- Representar
- Mirar
- Leer
- Hablar
- Dibujar
- Jugar

Si lo considera oportuno, puede plantear la actividad de forma más lúdica. Para ello, organice a los estudiantes por equipos y proponga una competición. Ganará el equipo que antes escriba correctamente todos los verbos.

Cuaderno de ejercicios
Actividad 16

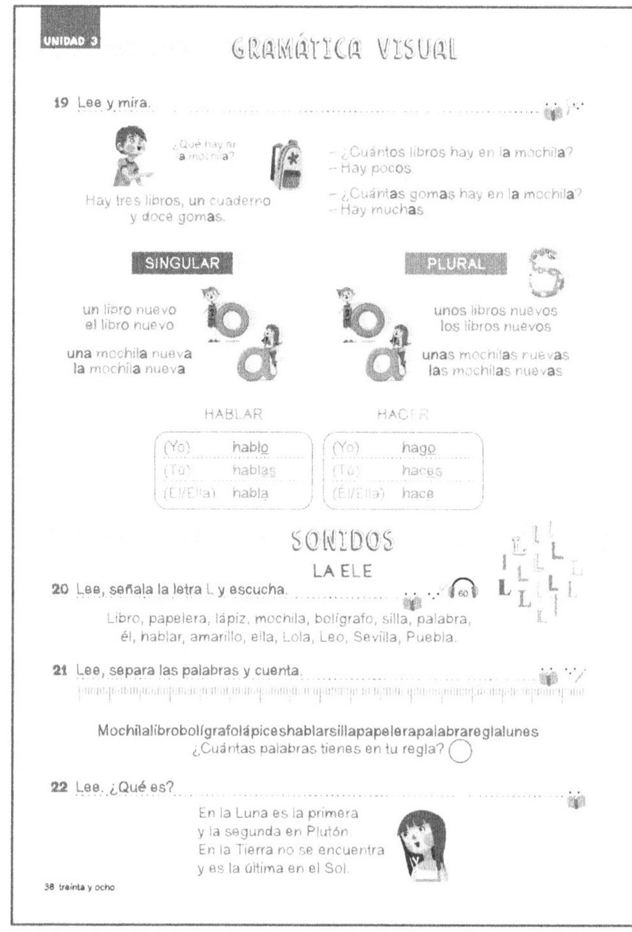

UNIDAD 3

GRAMÁTICA VISUAL

19 Lee y mira.

¿Qué hay en la mochila?

Hay tres libros, un cuaderno y doce gomas.

– ¿Cuántos libros hay en la mochila?
– Hay pocos.

– ¿Cuántas gomas hay en la mochila?
– Hay muchas.

SINGULAR

un libro nuevo
el libro nuevo

una mochila nueva
la mochila nueva

PLURAL

unos libros nuevos
los libros nuevos

unas mochilas nuevas
las mochilas nuevas

HABLAR		HACER	
(Yo)	hablo	(Yo)	hago
(Tú)	hablas	(Tú)	haces
(Él/Ella)	habla	(Él/Ella)	hace

SONIDOS

LA ELE

20 Lee, señala la letra L y escucha.

Libro, papelera, lápiz, mochila, bolígrafo, silla, palabra, él, hablar, amarillo, ella, Lola, Leo, Sevilla, Puebla.

21 Lee, separa las palabras y cuenta.

Mochilalibrobolígrafolápiceshablarsillapapelerapalabrareglalunes

¿Cuántas palabras tienes en tu regla?

22 Lee. ¿Qué es?

En la Luna es la primera
y la segunda en Plutón.
En la Tierra no se encuentra
y es la última en el Sol.

38 treinta y ocho

GRAMÁTICA VISUAL

Esta sección tiene como objetivo la asimilación y la práctica del contenido gramatical de la unidad. Recuerde que dispone de la sección de GRAMÁTICA VISUAL en PDF descargable e imprimible en **campus.difusion.com**.

19. LEE Y MIRA

Hay

Lleve al aula una mochila cerrada y pregunte a sus estudiantes: **¿Qué hay en la mochila?** Espere posibles respuestas. Ábrala y muestre, en primer lugar, un cuaderno. Escriba en la pizarra **Un cuaderno**. Después, pregúnteles: **¿Cuántos cuadernos hay en la mochila?** Escriba la respuesta: **Hay un cuaderno**. Si tiene la oportunidad, marque en rojo la terminación masculina de **cuántos** y **cuadernos** (**-o**) y en verde la terminación del plural (**-s**) o subraye ambas terminaciones para poner énfasis en la concordancia. Después, saque de la mochila cuatro gomas. Escriba en la pizarra **¿Cuánt... gom... hay en la mochila?** Y anímelos a completar la frase de la manera correcta: **¿Cuántas gomas hay en la mochila?** Una vez más, marque las terminaciones del femenino plural y asegúrese de que comprenden los mecanismos de concordancia. Escriba la respuesta: **Hay cuatro gomas**.

A continuación, pregúnteles: **¿Cuántos libros hay en la mochila: muchos o pocos?** Escuche sus ideas y anote al lado **Hay pocos**. Realice la actividad una vez más. En esta lado **Hay pocos**. Realice la actividad una vez más. En esta ocasión, muestre las cuatro gomas. Repita la pregunta y, finalmente, escriba **Hay muchas**.

Asegúrese de que quedan claros los términos **muchos/as** y **pocos/as**. Lean en clase abierta los ejemplos del libro y haga especial hincapié en la concordancia de género. Para ello, recuérdeles de nuevo el código de color que se utiliza a lo largo de todo el manual. Repita la dinámica tantas veces como considere oportuno.

Cuaderno de ejercicios
Actividades 2 y 3

Concordancia

Organice la clase en cuatro grupos. Cuelgue en distintos puntos del aula cuatro carteles grandes con los artículos indefinidos: **un**, **una**, **unos**, **unas**. Tenga preparadas tarjetas con las siguientes imágenes en singular: **un libro**, **un cuaderno**, **un sacapuntas**, **un tambor**, **un estuche**, **una goma**, **una regla**, **una flauta**, **una guitarra**, **una mochila**. Y en otras tarjetas las mismas imágenes en plural (**dos libros**, **dos cuadernos**, etc.). En total, deberá tener 20 tarjetas. Mézclelas, reparta cinco a cada grupo y pídales que, en primer lugar, escriban al lado de cada imagen la palabra que representa (respetando el género y el número) y que, después, vayan pegando cada tarjeta en el cartel correspondiente. Hagan la comprobación en clase abierta para repasar el vocabulario y verificar que todas las palabras están escritas y colocadas correctamente.

A continuación, remita a los estudiantes a los cuadros **singular** y **plural** del apartado y lea con ellos los ejemplos para repasar los artículos definidos e indefinidos y la concordancia. Asegúrese de que no queda ninguna duda, poniendo especial énfasis en el código de color (rojo: masculino, lila: femenino, verde: plural).

Tenga preparadas cartulinas de los siguientes colores: **rojo**, **amarillo**, **blanco**, **negro**, **azul**, **verde**, **naranja**, **rosa**, **lila** y **marrón**. Levante la cartulina blanca y pida a un estudiante que relacione el color con un objeto de cada cartel. Por ejemplo: **un libro blanco**, **una goma blanca**, **unos cuadernos blancos** y **unas reglas blancas**. Repita la misma dinámica con el resto de los colores y haga hincapié en que hay algunos que no tienen flexión de género: **un libro azul**, **una goma azul**, **unos cuadernos azules** y **unas reglas azules**. Si lo prefiere, puede realizar esta dinámica de los colores a modo de competición por grupos.

Tenga en cuenta a lo largo de toda la unidad que las palabras **tijeras** y **sacapuntas** pueden inducir a error debido a la existencia de una única forma para el singular y el plural. Preste también atención a la variación gráfica de **lápices** (**z**>**c**) y, si lo considera adecuado, comente con sus alumnos también que las palabras **bolígrafo** y **bicicleta** se suelen apocopar (**boli** y **bici**).

Cuaderno de ejercicios
Actividades 5 y 14

Verbo hablar, **verbo** hacer

Anime a los alumnos a formar un círculo en el centro del aula. Escriba en la pizarra esta canción popular: **En un café se rifa un pez, siempre toca el número diez: uno, dos, tres, cuatro, cinco, seis, siete, ocho, nueve y diez**. Cante la canción en voz alta señalando alternativamente a cada uno de los niños. Cuando termine, el estudiante señalado será el primero en realizar la siguiente actividad. Este recurso sirve para marcar turnos y también como repaso de los números.

Diga un pronombre personal (**yo**, **tú**, **él**, **ella**) y pida al alumno seleccionado que conjugue el verbo **hablar** en esa persona. A continuación, será él quien diga otro pronombre para su compañero de la derecha y así sucesivamente hasta que todos los estudiantes hayan participado. Realice la misma dinámica con el verbo **hacer**, pero, en esta ocasión, diga la forma verbal ya conjugada (**hago**). Pida al primer alumno que identifique a qué persona corresponde, y así sucesivamente hasta que, una vez más, todos los estudiantes hayan participado.

Si desea ampliar la actividad, puede continuar la misma dinámica con otros verbos que se han trabajado a lo largo de la unidad, como **bailar**, **borrar**, **preguntar**, etc.

Cuaderno de ejercicios
Actividades 12 y 15

SONIDOS

Esta sección tiene como objetivo principal familiarizarse con la pronunciación y la escritura de la letra **ele** y el dígrafo **ll**.

20. LEE, SEÑALA LA LETRA L Y ESCUCHA

Presente a sus alumnos la letra **ele** escribiéndola en la pizarra, o muestre una cartulina recortada en forma de **L**, y escriba las cinco vocales en la pizarra (**a**, **e**, **i**, **o**, **u**). Después, anímelos a que digan cómo se pronuncia esta letra en combinación con cada una de las vocales. A continuación, escriba el dígrafo **ll** o muestre dos cartulinas con forma de letra **ele** y anime a sus estudiantes de nuevo a pronunciarla en combinación con las cinco vocales.

Después, centre la atención de sus estudiantes en las palabras de la actividad y pídales que marquen las que contienen la letra **ele** de un color y las que contienen el dígrafo **ll** de otro color. A continuación, reproduzca la pista 60 y anímelos a que se fijen en la diferencia de pronunciación. Puede ir pausando el audio y animando a los alumnos a que repitan las palabras para practicar la articulación de estos sonidos.

A modo de ampliación, pida a los alumnos que cierren el libro y vaya diciendo al azar palabras con **l** y con **ll**. Pídales que digan **¡ele!** cuando escuchen palabras con **l** y **¡elle!** cuando las palabras contengan una **ll**. Si lo considera oportuno, en una segunda ronda, pídales que las escriban en su cuaderno y haga la comprobación en clase abierta.

Cuaderno de ejercicios
Actividades 17 y 18

21. LEE, SEPARA LAS PALABRAS Y CUENTA

Centre la atención de los estudiantes en la imagen y pregúnteles: **¿Qué es?** Como ya conocen la palabra **regla**, es previsible que la mencionen. Explíqueles que en esta regla aparecen muchas palabras, pero que están juntas porque sus libros se han movido mucho en las mochilas. Pídales que las separen para ayudar a las palabras a sentirse más cómodas y recuérdeles que, al terminar, deben contar el número total de palabras que hay en la regla. A continuación, haga la comprobación en clase abierta animando a los alumnos a leer las palabras en voz alta.

Solución

- Mochila, libro, bolígrafo, lápices, hablar, silla, papelera, palabra, regla, lunes.
- Hay diez (10) palabras en la regla.

22. LEE. ¿QUÉ ES?

Comente a sus alumnos que van a trabajar con una **adivinanza** y explíqueles que es un texto en el que se describe o se habla de algo sin mencionarlo. Pídales que la lean de manera individual y, posteriormente, haga una lectura en grupo clase. Solucione posibles dudas. Una vez que hayan comprendido el significado de todas las frases, anime a los estudiantes a adivinar de qué se trata. Puede trabajar la actividad de manera individual o por parejas.

Solución
La letra **ele**

Si desea ampliar la actividad, puede realizar una dinámica en el aula para trabajar la pronunciación y la memoria. Organice a los estudiantes en grupos de cuatro y pida a uno de ellos que lea la primera frase. A continuación, anime al siguiente a repetir la segunda línea y así sucesivamente. Es recomendable hacer cuatro rondas en las que cada estudiante diga una frase diferente para que todos los alumnos tengan la oportunidad de repetir las cuatro líneas del texto. Posteriormente, pídales que cierren el libro y anímelos a que repitan la adivinanza en voz alta.

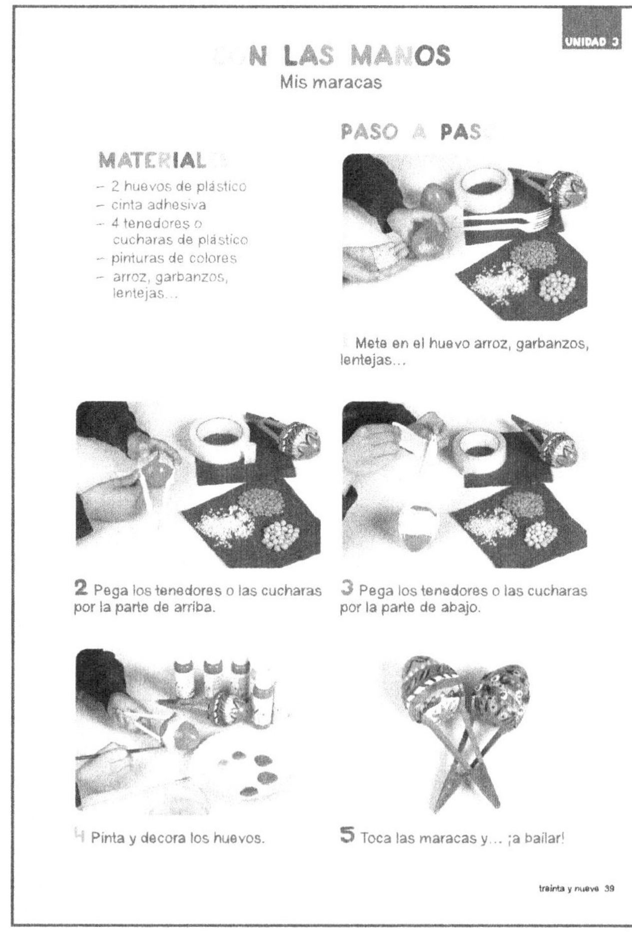

UNIDAD 3

CON LAS MANOS
Mis maracas

MATERIALES
- 2 huevos de plástico
- cinta adhesiva
- 4 tenedores o cucharas de plástico
- pinturas de colores
- arroz, garbanzos, lentejas...

PASO A PASO

1 Mete en el huevo arroz, garbanzos, lentejas...

2 Pega los tenedores o las cucharas por la parte de arriba.

3 Pega los tenedores o las cucharas por la parte de abajo.

4 Pinta y decora los huevos.

5 Toca las maracas y... ¡a bailar!

treinta y nueve 39

CON LAS MANOS
Mis maracas

Explique a sus estudiantes que van a crear unas maracas como las que tiene Lola en su clase. Para aumentar su motivación, dígales que podrán utilizar este instrumento musical en futuras sesiones.

En una clase anterior, recuerde pedir a los alumnos que lleven al aula todo el material necesario para la realización de la actividad. Es recomendable que usted prepare sus propias maracas previamente y lleve el resultado al aula a modo de ejemplo. Recuerde que también puede utilizarlas a lo largo de la actividad 1 de la página 43 para preparar el vocabulario del diálogo de la sección CON LUPA 1.

Para la preparación del material, lea con sus estudiantes todo lo que van a necesitar para la elaboración de las maracas y resuelva las dudas de vocabulario que puedan surgir. Para ello, puede ayudarse de la secuencia de imágenes que acompañan el desarrollo de la manualidad.

Una vez preparado el material, anime a sus estudiantes a que miren las fotos para que vayan descubriendo el proceso que van a seguir. Durante la realización de la actividad, pasee por la clase y ayude a sus estudiantes en lo que necesiten. Anímelos a ser creativos y a decorar sus maracas con los colores que más les gusten.

El objetivo de la doble página de entrada es introducir el tema de la casa (tipos, partes, mobiliario, etc.) y activar los conocimientos previos de los estudiantes a través de la ilustración y del audio que la acompaña.

ANTES DE...

Antes de abrir el libro, dibuje una casa en la pizarra y pregunte a los alumnos de qué se trata. Es probable que muchos de ellos ya conozcan la palabra **casa**; de lo contrario, dígales qué significa y escríbala junto a la imagen.

ILUSTRACIÓN

Pida a los estudiantes que abran el libro por la página 40 y pregúnteles: **¿Qué personajes reconocéis en la imagen?** Probablemente recuerden a la mayoría de los integrantes de la familia de Leo. De lo contrario, remítalos a la página 9 y revise con ellos sus nombres. Después, pídales que se fijen de nuevo en la imagen y pregúnteles qué palabras conocen para repasar el léxico de las unidades anteriores. Pueden ser objetos o acciones.

Propuesta de solución

Un coche/carro, una mochila, libros, sillas, mesas, música, bailar...

A continuación, explíqueles que van a escuchar una serie de sonidos y anímelos a que, por parejas, los relacionen con los elementos que ven en la imagen. Haga una puesta en común y resuelva las dudas de vocabulario que le vayan planteando sus estudiantes.

Propuesta de solución

Un coche, un timbre, una puerta, niños jugando, Jaleo, la tele, una cámara de fotos o un móvil, pasos subiendo las escaleras, el sonido de la ducha abierta, un teléfono, música, risas de niños...

Si lo considera oportuno, proponga a sus alumnos ampliar el vocabulario de la ilustración. Tenga preparados pósits pequeños, repártalos entre sus estudiantes y anímelos a observar de nuevo la imagen. A continuación, pídales que vayan pegando los pósits sobre las palabras que les gustaría conocer en español. Pasee por la clase y vaya solucionando las dudas de vocabulario que le planteen sus alumnos.

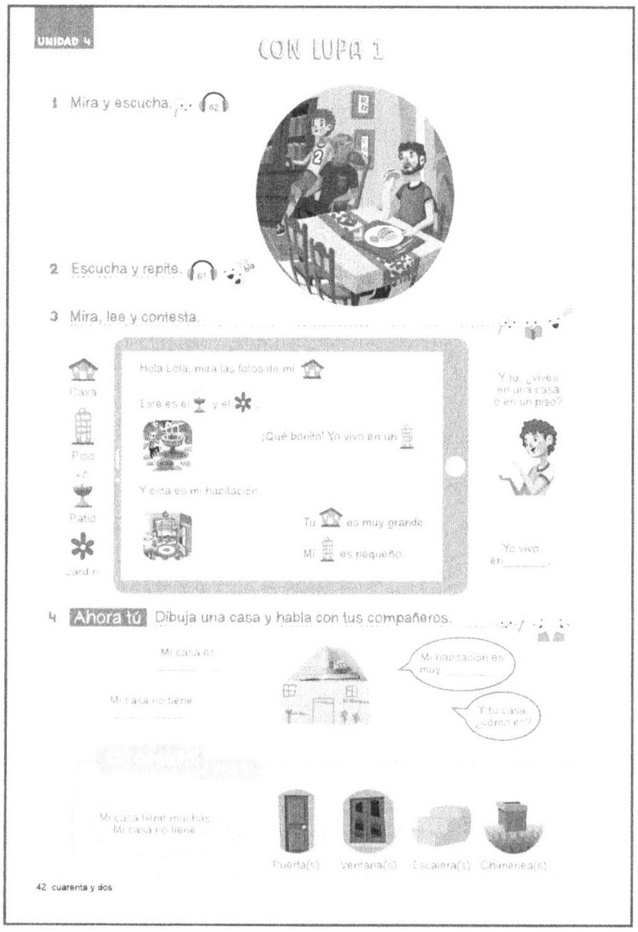

CON LUPA 1

El objetivo de esta sección es que los alumnos aprendan vocabulario relacionado con la casa y que sean capaces de hacer una breve descripción de su vivienda.

1. MIRA Y ESCUCHA

Centre la atención de los estudiantes en la imagen y pregúnteles qué hacen Leo, su padre y su abuelo. Acepte diferentes respuestas, como por ejemplo **hablar**, **comer** o **ver la tele**.

A continuación, explíqueles que van a escuchar una conversación y que deben responder a las siguientes preguntas: **¿De qué hablan Leo y su abuelo?**; **¿Qué ve el padre de Leo en la televisión?** Asegúrese de que comprenden las preguntas, reproduzca la pista 62 y, a continuación, proponga una puesta en común para comprobar sus respuestas.

Solución

- Leo y su abuelo hablan de una actividad de la escuela.
- Carlos, el padre de Leo, ve un partido de fútbol en la tele.

Después, pregunte a sus alumnos qué lleva Leo en la mano. Lo esperable es que respondan **un teléfono**, ya que conocen la palabra. Después, pregúnteles: **¿Qué cosas puedes hacer con un teléfono?** Y espere respuestas como **hablar**, **hacer fotos**, **enviar mensajes**, **jugar**... Si no conocen alguno de estos términos en español, escríbalos en la pizarra y asegúrese de que comprenden el significado.

Pregúnteles también: **¿Qué hace Leo con el móvil?** Es posible que alguno de sus estudiantes recuerde que Leo está mirando fotos de su casa para una actividad de la escuela. En caso contrario, reproduzca de nuevo la pista 62 y haga la comprobación en clase abierta.

Por último, reparta a sus estudiantes la FICHA FOTOCOPIABLE 8, en la que encontrarán la casa de Leo con las distintas estancias indicadas. Lean la ficha entre todos, aclare las dudas de vocabulario que puedan surgir y, a continuación, explique a sus alumnos que deben ir marcando las partes de la casa que el abuelo nombra en el audio. Reproduzca una vez más la pista 62 y anime a sus estudiantes a que comprueben sus respuestas en parejas. Después, para asegurarse de que todos han marcado las mismas opciones, pregúnteles: **¿Qué parte de la casa no mencionan?**

Solución

No mencionan el garaje.

Tenga en cuenta que el léxico de la casa en esta audición está adaptado a la variante lingüística de México. Sin embargo, a lo largo de la unidad se refleja también la variante española, como en el caso de **sala** (México) o **salón** (España). Por el origen de los protagonistas del audio, en la FICHA FOTOCOPIABLE 8 encontrará la variante mexicana.

2. ESCUCHA Y REPITE

Reproduzca la pista 63 y anímelos a ir repitiendo las frases. Si lo estima necesario, puede ir pausando el audio después de cada frase para dar un poco más de tiempo a los alumnos a reproducirlas. Puede pedirles que las repitan a coro o de manera individual (por turnos), dependiendo del número de estudiantes que haya en la clase o del nivel de ansiedad que les pueda generar repetir las frases uno por uno.

3. MIRA, LEE Y CONTESTA

Centre la atención de sus alumnos en la imagen de la tableta electrónica y explíqueles que Leo está manteniendo una conversación escrita con su prima Lola. Anímelos a leer individualmente el diálogo y pídales que sustituyan los dibujos por las palabras. Para ello, deberán usar el código que aparece a la izquierda de la actividad. Aclare las dudas de vocabulario que puedan surgir y anímelos a completar el ejercicio por parejas. Pasee por el aula, asegúrese de que todos sus alumnos comprenden el diálogo y, para terminar, haga una lectura en clase abierta.

A continuación, invite a los estudiantes a leer la pregunta que formula Leo a la derecha del dispositivo electrónico y anímelos a escribir la respuesta de manera individual. Después, pida a sus alumnos que se vayan preguntando unos a otros dónde viven. Comience usted la ronda de preguntas y pida al estudiante al que se ha dirigido que continúe formulando la misma cuestión a otro compañero, y así sucesivamente hasta que todos hayan participado.

4. AHORA TÚ. DIBUJA UNA CASA Y HABLA CON TUS COMPAÑEROS

Antes de empezar esta actividad, remita a sus estudiantes al apartado UN POQUITO MÁS, presente el nuevo vocabulario y anímelos a completar las frases siguiendo el modelo. Después, remítalos a la página 40 y pídales que cuenten cuántas puertas, ventanas, escaleras y chimeneas tiene lo que ven de la casa de Leo, respondiendo con frases como las del cuadro: **La casa de Leo tiene...**; **La casa de Leo no tiene...**

Propuesta de solución
La casa de Leo tiene seis puertas, cuatro ventanas y una escalera. No tiene chimenea.

Una vez trabajado este vocabulario, remita a los alumnos a la actividad 4. Pídales que observen la imagen y entregue a cada estudiante una cartulina para que dibuje una casa siguiendo el modelo. Es importante que les anime a incluir en ella diferentes elementos vistos a lo largo de las actividades previas y a escribir sus nombres, como muestra la imagen. Después de realizar el dibujo, invite a los estudiantes a completar las frases que acompañan la actividad. Pasee por el aula asegurándose de que los alumnos han comprendido la dinámica y resuelva posibles dudas.

Cuando todos los estudiantes hayan terminado, organícelos por parejas o pequeños grupos para presentar, por turno, sus casas. Anímelos a que se hagan preguntas unos a otros y a que respondan utilizando las frases que han aprendido: **Mi casa es grande**; **Mi casa no tiene chimenea**; **Mi habitación es bonita...**

Cuaderno de ejercicios
Actividades 3 y 4

UN POQUITO MÁS

Este apartado introduce nuevo vocabulario relacionado con la casa y muestra un ejemplo de uso del verbo **tener**. Se recomienda introducir este contenido durante el desarrollo de la actividad 4.

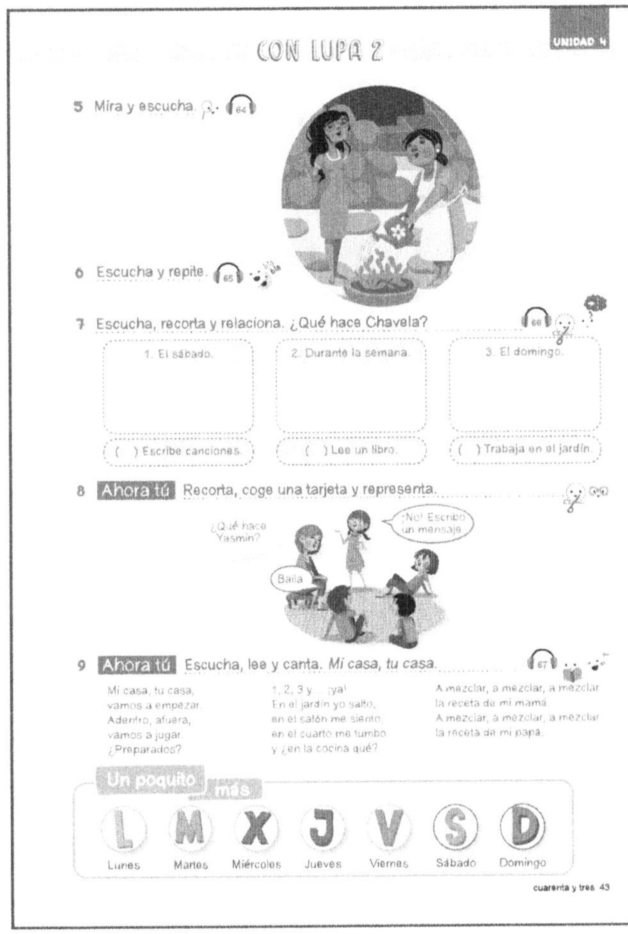

CON LUPA 2

El objetivo de esta sección es que los alumnos aprendan los días de la semana en español y sean capaces de hablar de manera sencilla sobre acciones habituales.

5. MIRA Y ESCUCHA

Pida a sus estudiantes que observen la imagen y anímelos a responder a las siguientes preguntas: **¿Quiénes aparecen en la imagen?**; **¿Dónde están?** Lo más esperable es que reconozcan a Lupe y Chavela. Asimismo, es muy probable que los alumnos sean capaces de decir que **están en el patio** o **en el jardín**, ya que lo han aprendido en la sección CON LUPA 1.

A continuación, pregúnteles: **¿Qué hace Chavela?** Espere la respuesta, que posiblemente darán en su propia lengua, y escriba en la pizarra **Regar las plantas**. Por último, pregúnteles: **¿Qué hace Lupe?** Espere su respuesta y escriba en la pizarra **Hablar con Chavela.**

Explique a sus estudiantes que van a escuchar una conversación entre Lupe y Chavela y que tienen que ponerse de pie cada vez que escuchen las palabras **plantas** o **jardín**. Reproduzca, para ello, la pista 64.

Antes de realizar una segunda escucha, presente el contenido del apartado UN POQUITO MÁS: los días de la semana. Para ello, organice la clase en dos grupos y reparta a cada uno siete cartulinas en las que estarán escritos los días de la semana y otras siete con las letras que los representan.

Anime a los grupos a unir las palabras con su letra correspondiente. Gana el equipo que antes combine las parejas de manera correcta. Es posible que la relación de la letra **X** con el **miércoles** genere un poco de confusión. Si lo considera oportuno, puede explicar que en España la abreviatura del miércoles suele representarse con la X para no confundirla con la del martes.

A continuación, proponga una repetición coral de los días de la semana para fijar el vocabulario. Después, entregue a cada niño una tarjeta con la letra de un día de la semana. Pídales que se organicen en fila de acuerdo al orden de los días y, después, anímelos a que vayan diciendo cada uno su día para trabajar la memoria y comprobar entre todos que el orden es el correcto. Si tiene más de siete alumnos, puede pedir voluntarios para la realización de la actividad o hacerla dos veces para que todos puedan intervenir.

A continuación, comente a sus estudiantes que van a escuchar nuevamente la conversación entre la madre y la abuela de Leo y que deben tratar de averiguar qué días no riega las plantas Chavela. Reproduzca, para ello, la pista 64 y, después, haga la comprobación en clase abierta.

Solución
Chavela no riega las plantas el sábado ni el domingo.

Cuaderno de ejercicios
Actividad 7

6. ESCUCHA Y REPITE

Antes de empezar esta actividad, es recomendable repasar el significado de algunos verbos. Escriba en la pizarra **Chavela trabaja en el jardín**, y asegúrese de que todos comprenden el significado, remitiéndolos de nuevo a la imagen de la actividad 5. A continuación, represente mediante gestos el verbo **leer** y pregunte a sus alumnos de qué verbo se trata. Escríbalo en la pizarra y realice la misma dinámica con los verbos **pintar** o **dibujar**, **escribir** y **bailar**.

Una vez repasado el vocabulario, reproduzca la pista 65 y anímelos a repetir las frases. Si lo estima necesario, puede ir pausando el audio después de cada frase para dar un poco más de tiempo a los alumnos a reproducirlas. Puede pedirles que las repitan a coro o de manera individual (por turnos), dependiendo del número de estudiantes que haya en la clase o del nivel de ansiedad que les pueda generar repetir las frases uno por uno.

7. ESCUCHA, RECORTA Y RELACIONA. ¿QUÉ HACE CHAVELA?

Remita a sus alumnos a la actividad 7 de la página 77 y pídales que recorten las tres imágenes en las que aparece Chavela. Cuando todos los estudiantes tengan sus tarjetas preparadas, pídales que observen las ilustraciones y pregúnteles qué hace Chavela. Lo más probable es que le respondan **trabajar** o **regar las plantas**, **escribir** y **leer**, pues acaban de repasar el vocabulario en la actividad anterior. A continuación, remítalos de nuevo a la página 43, lea con ellos los cuadros y explíqueles que tienen que escuchar la conversación y pegar cada imagen en el día de la semana correspondiente. Aproveche para explicarles que **durante la semana** es una expresión que hace referencia a los días en los que se trabaja y se va al colegio. Reproduzca la pista 66 y después pídales que comprueben con su compañero si han pegado las imágenes en el mismo lugar. A continuación, anímelos a conectar las imágenes con las acciones que aparecen en la parte inferior y haga la comprobación en clase abierta.

Solución

1. El sábado lee un libro.
2. Durante la semana trabaja en el jardín.
3. El domingo escribe canciones.

8. AHORA TÚ. RECORTA, TOMA UNA TARJETA Y REPRESENTA

Remita a sus alumnos a la página 77. Antes de recortar las tarjetas, repase con ellos las acciones y los verbos de cada una de las imágenes hasta asegurarse de que no les queda ninguna duda de significado.

A continuación, anímelos a recortar todas las tarjetas (asegúrese de que recortan la imagen junto con el verbo que le corresponde). Cuando los estudiantes tengan todas las tarjetas preparadas, haga una ronda de comprobación: diga uno de los verbos de las tarjetas y pídales que lo busquen y lo muestren. Repita la dinámica varias veces para repasar a fondo todos los verbos. Después, anímelos a sentarse en el suelo del aula formando un círculo.

Sitúe en el centro del círculo un juego de tarjetas colocadas boca abajo. Pida un voluntario y anímelo a seleccionar una tarjeta y a mirarla sin que nadie más pueda verla. El estudiante voluntario tendrá que hacer mímica para representar la acción que ha escogido. Pregunte a los demás: **¿Qué hace...?** El alumno que responda más rápido será el encargado de hacer mímica en la siguiente ronda. En el caso de que haya alumnos más rápidos que otros, procure que todos participen en el papel de mimo en algún momento. En este punto de la secuencia, sería recomendable que repasara con sus alumnos la conjugación de las personas del singular de los verbos en presente que ya trabajaron en la UNIDAD 3 (o remítalos directamente al apartado de GRAMÁTICA VISUAL de la página 46). Si prefiere trabajar la conjugación de los verbos más adelante, puede realizar el juego expresando las acciones en infinitivo.

Si lo considera oportuno, puede organizar la clase por equipos y realizar la actividad a modo de competición. Asimismo, si el grupo es muy numeroso, puede optar por la realización de la actividad en pequeños grupos para que todos los alumnos tengan un papel más activo.

9. AHORA TÚ. ESCUCHA, LEE Y CANTA.
MI CASA, TU CASA

Anuncie a sus estudiantes que van a escuchar una canción: *Mi casa, tu casa.* Antes de realizar la escucha, pida a sus alumnos que lean el texto y que marquen todas las palabras relacionadas con la casa. Haga la comprobación en clase abierta y, después, reproduzca la pista 67. Anime a los estudiantes a que se levanten y bailen la canción con sus compañeros para familiarizarse con el ritmo.

A continuación, propóngales preparar una coreografía conjunta. Para ello, pueden traducir la letra para introducir los gestos de manera más coherente o, como mínimo, las palabras clave de la canción. Si lo prefiere, prepare usted mismo la coreografía y muéstresela a sus estudiantes, invitándolos a introducir sus propias variantes. Reproduzca de nuevo la pista 67 y anime a los niños a que la canten y la bailen haciendo los movimientos correspondientes, favoreciendo así el movimiento físico en el aula. Si sus estudiantes están motivados, puede reproducirla varias veces y animarlos a que canten toda o parte de la letra.

Recuerde que dispone de las letras de las canciones en un PDF descargable e imprimible en **lolayleo.difusion.com** y **campus.difusion.com**.

Cuaderno de ejercicios
Actividad 13

UN POQUITO MÁS

Este apartado trabaja los días de la semana. Introduzca este contenido a lo largo de la actividad 6.

Para cerrar la sección CON LUPA 2, reparta a cada alumno una copia de la FICHA FOTOCOPIABLE 9, en la que encontrarán una página de una agenda. Anímelos a escribir los nombres completos de los días de la semana junto a las letras que los representan.

Después, pídales que escriban una frase con sus rutinas diarias para cada día de la semana. Ponga algunos ejemplos como modelo: **Leo un libro**; **Como en casa**: **Pinto con mi papá**... Para terminar, organice la clase en pequeños grupos y pídales que se pregunten entre ellos lo que hacen a lo largo de semana. Anímelos a que traten de encontrar puntos en común entre las acciones que realiza cada uno. Escriba una pregunta en la pizarra a modo de ejemplo: **¿Qué haces los lunes?**

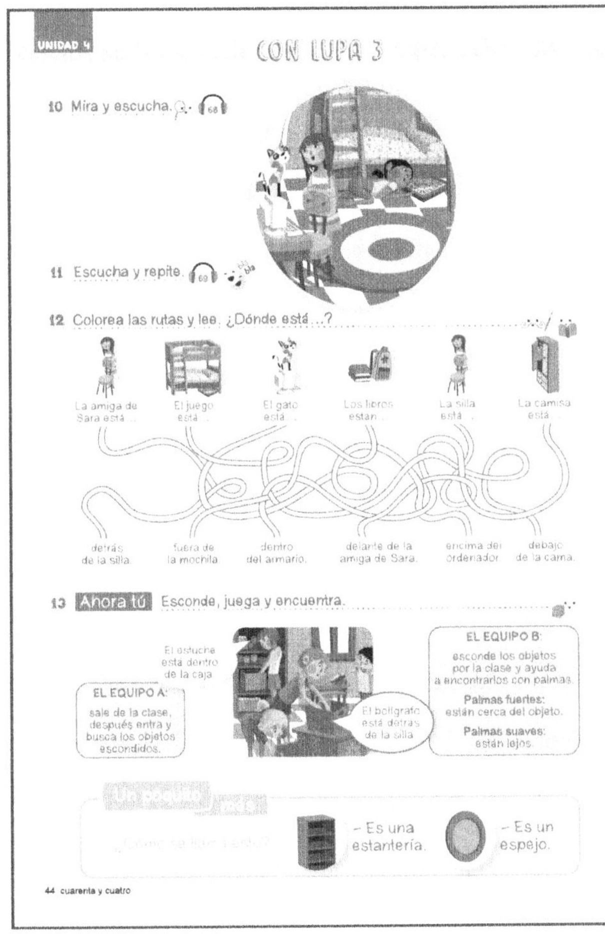

CON LUPA 3

El objetivo de esta sección es que los estudiantes amplíen su vocabulario relacionado con la casa y sean capaces de expresar la ubicación de cosas o personas.

10. MIRA Y ESCUCHA

Antes de escuchar el audio, centre la atención de los alumnos en la imagen y pregúnteles: **¿Quiénes están en la imagen?** Es probable que respondan **Sara**, **Jaleo** y **una amiga** o **una niña**. A continuación, pregúnteles: **¿En qué parte de la casa están?** Posiblemente digan que están en **la habitación de Sara**, pues conocen la palabra.

Si quiere trabajar más vocabulario de la ilustración, referido a muebles y objetos decorativos, remita a sus alumnos al apartado UN POQUITO MÁS y haga una lectura conjunta de los ejemplos. Asegúrese de que comprenden el significado y después, para comprobarlo, muestre un lápiz u otro objeto que conozcan y pregúnteles: **¿Cómo se llama esto?**

A continuación, remita de nuevo a sus estudiantes a la actividad. Anímelos a decir lo que ven en la imagen señalando con el dedo los objetos que nombran. Si no conocen alguna palabra, anímelos a utilizar la pregunta que acaban de aprender. Vaya anotando las palabras en la pizarra y asegúrese de que no quede ninguna duda. Tenga en cuenta las variedades lingüísticas y recuerde que esta unidad se desarrolla en México, por lo que en la grabación utilizarán la palabra **computadora** en lugar de **ordenador**.

Solución

Una silla, una mesa, un ordenador (España) / una computadora (México), dos camas (una litera), una escalera, una alfombra, un juego...

A continuación, remítalos de nuevo a la actividad 10 de la página 44 y explique a sus alumnos que Sara y su amiga están buscando algo y que ellos tienen que escuchar e intentar averiguarlo. Reproduzca la pista 68 y, después, haga la comprobación en clase abierta. Si lo considera oportuno, puede explicar brevemente en qué consiste *El juego de la oca* y valore la opción de llevarlo al aula en una sesión posterior para jugar con sus alumnos.

Solución

Sara y su amiga buscan un juego (*El juego de la oca*).

A continuación, remita a sus estudiantes a la actividad 9 del CUADERNO DE EJERCICIOS, en la página 33, y practique con ellos las preposiciones de lugar utilizando las manos, tal y como muestran las fotografías. Explíqueles que el puño actúa como referencia principal y que la otra mano es la que se mueve en función del lugar que representa. Haga una ronda en clase abierta leyendo el nombre de los adverbios de lugar al tiempo que colocan la mano en la posición adecuada. Anímelos a practicarlo en parejas y pídales que vayan aumentando la velocidad para hacer la actividad más lúdica. Es recomendable que lean la serie siempre en el mismo orden en el que aparece en las fotografías para que, al final, lo retengan en la memoria como un recurso mnemotécnico.

Después, remita a los estudiantes de nuevo a la actividad 10 del LIBRO DEL ALUMNO y explíqueles que deben dar una palmada cuando escuchen una preposición. Reproduzca la pista 68 y compruebe que todos reaccionan al escuchar **encima**, **dentro** y **debajo**. Después dígales que ahora deben averiguar dónde está *El juego de la oca*. Reproduzca de nuevo el audio y haga la comprobación en clase abierta.

Solución

El juego de la oca está debajo de la cama.

Cuaderno de ejercicios

Actividad 9

11. ESCUCHA Y REPITE

Reproduzca la pista 69 y anímelos a ir repitiendo las frases. Si lo estima necesario, puede ir pausando el audio después de cada frase para dar un poco más de tiempo a los alumnos a reproducirlas. Puede pedirles que las repitan a coro o de manera individual (por turnos), dependiendo del número de estudiantes que haya en la clase o del nivel de ansiedad que les pueda generar repetir las frases uno por uno.

12. COLOREA LAS RUTAS Y LEE. ¿DÓNDE ESTÁ...?

Deje su libro encima de la mesa y pregunte a sus estudiantes: **¿Dónde está mi libro?** Lo esperable es que respondan **encima**. Escriba **Mi libro está encima de la mesa** y subraye la preposición **de** que acompaña a **encima** (**encima de**). Explíqueles que los adverbios que acaban de aprender pueden ir acompañados de la partícula **de**, y anímelos a repetirlos junto con los gestos de las manos que ya conocen, pero esta vez añadiendo **de** a cada uno de los adverbios.

Después, escriba en la pizarra la palabra **laberinto** y pregunte a sus alumnos si recuerdan su significado, pues lo vieron en la UNIDAD 1. Dígales que van a colorear las rutas del laberinto para saber dónde se encuentran diferentes personas y objetos. Aconséjeles que coloreen cada ruta de un color diferente. Después, organice la clase por parejas y anímelos a que comparen sus resultados con los del compañero o haga la comprobación en clase abierta.

Solución

- La amiga de Sara está detrás de la silla.
- El juego está debajo de la cama.
- El gato está encima del ordenador / de la computadora.
- Los libros están fuera de la mochila.
- La silla está delante de la amiga de Sara.
- La camisa está dentro del armario.

13. AHORA TÚ. ESCONDE, JUEGA Y ENCUENTRA

Divida la clase en dos grupos: A y B. Pida a los miembros del grupo A que salgan del aula durante unos minutos. Cuando sus compañeros estén fuera, pida a los integrantes del grupo B que escondan cinco objetos de la clase en diferentes lugares. Una vez que lo hayan hecho, invite al grupo A a regresar a clase y pida al grupo B que les indiquen qué objetos deben encontrar. Anímelos a moverse por el aula mientras los compañeros del grupo B les ayudan a encontrarlos a través de palmadas. Coménteles que las palmadas fuertes indican que se encuentran cerca de los objetos y las palmadas suaves significan que están lejos. Cuando un alumno localice uno de los objetos escondidos, debe producir una frase completa, tal y como muestra el modelo de la actividad: **El estuche está dentro de la caja**. Asegúrese de que todos comprenden la dinámica antes de empezarla. Al finalizar, intercambie los roles de los dos equipos y repita el mismo procedimiento.

UN POQUITO MÁS

Este apartado introduce la pregunta **¿Cómo se llama esto?** y el vocabulario relacionado con muebles y objetos de la casa. Incluya este contenido cuando hagan la actividad 10.

Cuaderno de ejercicios

Actividad 12

Para finalizar la sección Con lupa 3, entregue a sus alumnos la FICHA FOTOCOPIABLE 10 y pídales que dibujen en la habitación diferentes muebles y objetos que han aprendido. Anímelos a situarlos en distintos lugares y a colorearlos con distintos colores. Cuando todos los niños tengan su dibujo preparado, pídales que los pongan boca abajo y organice la clase por parejas. Reparta nuevamente la FICHA FOTOCOPIABLE 10 en blanco y aclare que, por turnos, cada estudiante va a explicar su dibujo al compañero (sin que este lo vea) para que lo pinte de la misma manera a través de instrucciones, descripciones, colores y expresiones de lugar. Cuando hayan terminado, pídales que comparen el dibujo resultante con el original e invítelos a cambiar los roles.

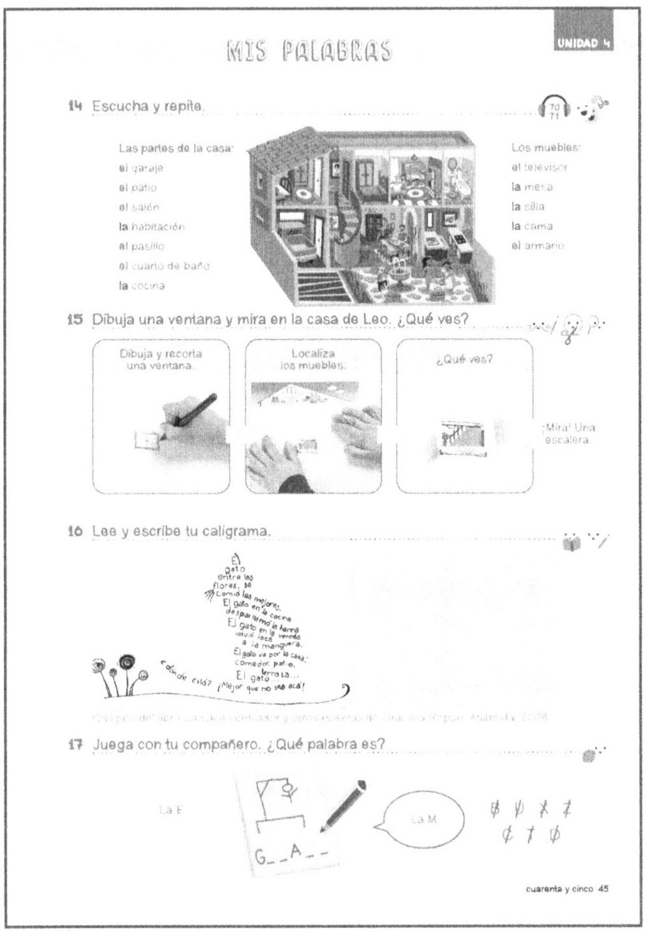

MIS PALABRAS

Esta sección tiene como objetivo principal recoger y practicar todo el contenido léxico de la unidad para trabajarlo de manera controlada y significativa.

14. ESCUCHA Y REPITE

Explique a sus estudiantes que van a trabajar el vocabulario sobre los muebles y las partes de la casa. En primer lugar, lean juntos las dos listas de palabras y solucione cualquier problema de vocabulario que pueda surgir. Después, reproduzca la pista 70 y anímelos a señalar las distintas partes de la casa a medida que las van escuchando. Puede usar la imagen que acompaña la actividad o la ilustración principal de las páginas 40 y 41. Reproduzca de nuevo el audio y anime a los alumnos a repetir las palabras. A continuación, realice la misma dinámica con la pista 71.

Como ampliación, proponga a sus estudiantes que escriban, dibujen y decoren tarjetas con el vocabulario de la casa para adornar las paredes del aula. Entregue a cada alumno una o dos cartulinas en blanco, en función del número de alumnos que haya en el grupo. Cada niño será responsable de escribir una o dos palabras que haya aprendido en la actividad y de completar las tarjetas con un dibujo representativo. Una vez terminadas las tarjetas, cuélguelas en las paredes del aula. De este modo, servirán de decoración y de apoyo visual durante el desarrollo de la unidad.

Cuaderno de ejercicios
Actividades 1 y 2

15. DIBUJA UNA VENTANA Y MIRA EN LA CASA DE LEO. ¿QUÉ VES?

Organice la clase por parejas y entrégueles un folio en blanco. Pídales que dibujen una ventana en el centro, tal y como muestra la imagen de la izquierda. A continuación, anímelos a recortarla siguiendo el modelo de la segunda imagen. Así, tendrán una ventana que puede abrirse y cerrarse. Remítalos a las páginas 40 y 41 y pídales que sitúen el folio con la ventana cerrada encima del libro. Uno de los niños deberá abrirla y preguntar a su compañero: **¿Qué ves?** A continuación, pídales que cierren la ventana, la muevan y la vuelvan a abrir para repetir la misma pregunta, esta vez intercambiando los roles entre ambos estudiantes, y así sucesivamente. Asegúrese de que todos han entendido la dinámica de la actividad y pasee entre las mesas para resolver posibles dudas que puedan surgir.

Si cuenta con un grupo reducido, puede realizar la actividad siguiendo una dinámica grupal. Anime a los alumnos a sentarse en el suelo del aula formando un círculo. Ponga un manual abierto por las páginas 40 y 41 en el centro del círculo y asegúrese de que todos los alumnos pueden verlo. Coloque un folio con la ventana cerrada sobre la imagen de la casa de Leo, abra la ventana durante dos segundos, vuelva a cerrarla y pregunte: **¿Qué veis?** Espere la respuesta del grupo y repita la dinámica tantas veces como considere oportuno.

16. LEE Y ESCRIBE TU CALIGRAMA

Explique a sus alumnos que van a crear un **caligrama**. Dígales que un caligrama es una imagen formada con palabras. Si cuenta con los recursos necesarios, utilice internet para mostrar algunos ejemplos o lleve al aula imágenes impresas.

Después, centre la atención de los estudiantes en el caligrama de la actividad y pregúnteles qué representa la figura. Es muy probable que digan que se trata de un **gato**. Invítelos a leer individualmente el caligrama y a señalar todas las palabras y expresiones que conocen. Luego, haga una lectura coral para practicar la pronunciación. Acompáñela con onomatopeyas o con movimientos y gestos que ayuden a comprender el texto. De este modo, la repetición tendrá un carácter más lúdico. En una segunda lectura, anime a los estudiantes a realizar los mismos sonidos y movimientos que usted.

A continuación, explíqueles que van a crear su propio caligrama. Organícelos por parejas o grupos de tres y pida a cada grupo que seleccione la forma de un animal u otro objeto para la realización de su trabajo. Pídales que dibujen la silueta del objeto o el animal elegido en el espacio ofrecido en la actividad. Si prefiere crear caligramas de mayor tamaño, puede optar por la utilización de cartulinas. Concédales tiempo para trabajar de manera grupal en la elaboración del texto. Pasee por el aula y ayude a cada grupo de manera personalizada. Es importante que adapte la actividad al nivel de sus alumnos. Si los estudiantes son capaces de escribir pequeñas frases, pueden hacerlo. De lo contrario, anímelos a que incluyan palabras o expresiones que hayan aprendido en esta unidad o a lo largo del curso.

Cuando todos los caligramas estén completos, invite a cada grupo a presentárselo al resto de la clase. Pueden incluir movimientos y sonidos en su lectura. En ese caso, el resto del grupo podrá acompañarlos con la repetición de esos mismos gestos y sonidos. Si ha optado por la realización de los caligramas en cartulinas, cuélguelos en las paredes del aula cuando haya finalizado la actividad.

17. JUEGA CON TU COMPAÑERO. ¿QUÉ PALABRA ES?
Reproduzca en la pizarra el dibujo que aparece en la actividad y pregunte a sus estudiantes si saben de qué se trata. En español, este juego se conoce tradicionalmente como *El juego del ahorcado*. Explíquelo en clase si lo cree conveniente. Es muy probable que sus alumnos conozcan el juego y sus reglas. De lo contrario, explíqueles que tienen que adivinar una palabra en español y dibuje en la pizarra tantas rayas como letras tenga. Por turnos, anímelos a ir diciendo letras. Si la palabra elegida contiene esa letra, escríbala en el espacio correspondiente. Si no, añada un elemento al dibujo del ahorcado. Dígales que tienen que intentar descubrir la palabra antes de que el dibujo esté completo. Cuando un niño adivine el término seleccionado, será su turno para salir a la pizarra y ser el responsable de escribir una nueva palabra. Juegue tantas rondas como crea conveniente.

Si lo considera oportuno, puede sustituir el dibujo del ahorcado por el de una casa e ir dibujando una línea por cada letra fallada (en total son doce líneas, las mismas que en el juego del ahorcado).

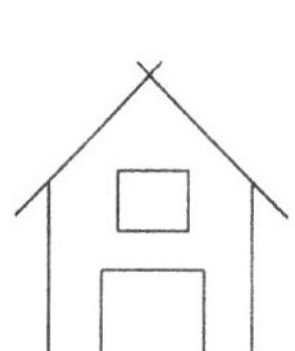

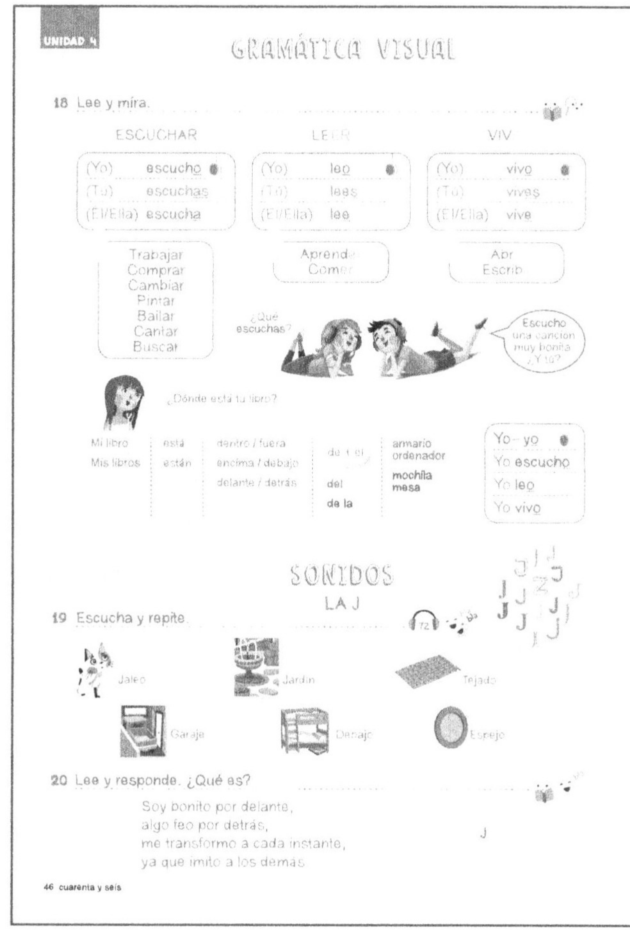

GRAMÁTICA VISUAL

Esta sección tiene como objetivo la asimilación y práctica del contenido gramatical de la unidad. Recuerde que dispone de la sección de GRAMÁTICA VISUAL en un PDF descargable e imprimible en **campus.difusion.com**.

18. LEE Y MIRA
Conjugación del presente
Lleve al aula un yoyó, pregunte a sus estudiantes si saben lo que es y escriba la palabra en la pizarra. Explíqueles que el yoyó los va a ayudar a conjugar los verbos en español. Juegue con el yoyó mientras baila y diga **Yo bailo** haciendo especial énfasis en la pronunciación de la letra **o** en ambas palabras. Centre su atención en el cuadrito de la parte inferior derecha y lea con ellos los verbos del yoyó: **yo escucho**, **yo leo**, **yo vivo**. No deje de bailar el yoyó para que quede claro que la primera persona de los verbos en presente se forma de la misma manera: **yo** + verbo terminado en **-o**.

A continuación, lleve a clase varios yoyós, forme grupos y entregue a cada uno un yoyó. Después, explique a sus alumnos que, por turnos, deben ir bailándolo mientras conjugan en la primera persona del singular los verbos que están escritos en la pizarra u otros que recuerden. Cuando ya no sepan más verbos o se equivoquen, será el turno de otro compañero.

Cuando los alumnos hayan practicado la conjugación de la

Cuando los alumnos hayan practicado la conjugación de la primera persona del singular, pase a trabajar la segunda y la tercera persona gradualmente. Para ello, tenga preparadas las letras **a**, **e** y **s** recortadas en cartulina. Explíqueles que todos los verbos terminados en **-ar** forman estas personas con la letra **-a** y que los verbos terminados en **-er** e **-ir** lo hacen con la letra **-e** y añada que la segunda persona lleva siempre una **-s**. Ponga algunos ejemplos marcando las terminaciones a la vez que levanta las letras recortadas correspondientes. Haga también gestos para marcar el pronombre, ya que resultará más fácil la memorización, especialmente para los alumnos más cinestésicos.

A continuación, anime a sus estudiantes a ponerse de pie y a formar un círculo en el centro del aula. Pídales que asocien un movimiento a cada uno de los verbos que aparecen en la actividad en forma de lista y que terminan en **-ar**, **-er** o **-ir**. Negocien entre todos hasta ponerse de acuerdo. Después, pida a un alumno que represente un verbo a través de los gestos que han acordado. El resto del grupo tendrá que adivinarlo. El primer estudiante que diga, por ejemplo, **comer** hará que, automáticamente, su compañero de la derecha tenga que decir rápidamente: **yo como** (señalándose a sí mismo), el siguiente a la derecha dirá: **tú comes** (señalando a su compañero), y el siguiente también a la derecha: **él** o **ella come** (mientras señala a un compañero de enfrente; insista en que elijan **él** o **ella** en función del compañero que estén señalando). Explíqueles que el juego debe ser dinámico y rápido, ya que el componente lúdico desempeñará un papel importante en el proceso de aprendizaje de la conjugación. Por supuesto, debe tener en cuenta la capacidad de reacción de sus estudiantes para adecuar la velocidad del juego al grupo. Reproduzca la dinámica las veces que considere necesario.

Finalmente, organice a sus alumnos por parejas y anímelos a crear y a representar sus propios diálogos siguiendo el ejemplo de la actividad. Invítelos a teatralizar las voces y a incorporar gestos. De este modo, los diálogos serán más dinámicos y motivadores.

Cuaderno de ejercicios
Actividades 5, 6 y 8

<u>**Expresiones de lugar**</u>

Pida la ayuda de un voluntario para realizar de manera gráfica la siguiente explicación pídale que salga a la pizarra, entréguele un estuche y dígale: **El estuche está encima de la mesa** (poniendo especial énfasis en la pronunciación de **encima de**). Explíquele que debe situar el estuche en el lugar adecuado. Si no recuerda el significado de **encima de**, anímelo a que pida ayuda al resto de sus compañeros. Después, diga al estudiante que entregue el estuche a otro compañero y pídale que salga a la pizarra. Dígale: **El estuche está debajo de la mesa**. Y así sucesivamente hasta presentar todas las expresiones de lugar. A continuación, lean los ejemplos del cuadro en clase abierta y explique la contracción **de** + **el** (**del**). Ponga varios ejemplos y asegúrese de que no queda ninguna duda.

Después, remita a sus estudiantes al GLOSARIO de la UNIDAD 4, en la página 57 del CUADERNO DE EJERCICIOS, y fije su atención en las imágenes de las preposiciones de lugar que ya conocen y han practicado con anterioridad. Anímelos a repetir los gestos con las manos para repasar y, finalmente, pídales que escriban las expresiones en su propia lengua en el espacio del GLOSARIO dedicado a ello.

Cuaderno de ejercicios
Actividades 10 y 11

SONIDOS

Esta sección tiene como objetivo principal familiarizarse con la pronunciación y la escritura de la letra **jota**.

19. ESCUCHA Y REPITE

El objetivo de esta actividad es que los niños trabajen con la pronunciación y la grafía de la letra **jota**. Presente a sus alumnos la letra escribiéndola en la pizarra o muestre una cartulina recortada en forma de **j**. Escriba las cinco vocales en la pizarra (**a**, **e**, **i**, **o**, **u**) y anímelos a que digan cómo se pronuncia la **jota** en combinación con cada una de ellas. Reproduzca la pista 72 para que escuchen, repitan y comprueben sus respuestas.

Cuaderno de ejercicios
Actividad 14

20. LEE Y RESPONDE. ¿QUÉ ES?

Explique a sus alumnos que van a aprender una adivinanza y recuérdeles que es un pequeño texto en el que tienen que descubrir algo. Anímelos a leerla de forma individual y aclare posibles dudas. Hagan una lectura coral y, después, anime a los estudiantes a adivinar de qué se trata. Si tienen dificultades, remítalos a las imágenes de la actividad 19 y dígales que la solución de la adivinanza es una de ellas.

Solución
Espejo

Para practicar la pronunciación y trabajar la memoria, organice a los estudiantes en grupos de cuatro. Cada uno debe leer una frase. Es recomendable hacer cuatro rondas para que cada estudiante lea una frase distinta cada vez y todos tengan la oportunidad de repetir las cuatro frases. Posteriormente, invítelos a cerrar el libro y pídales que repitan la adivinanza en voz alta.

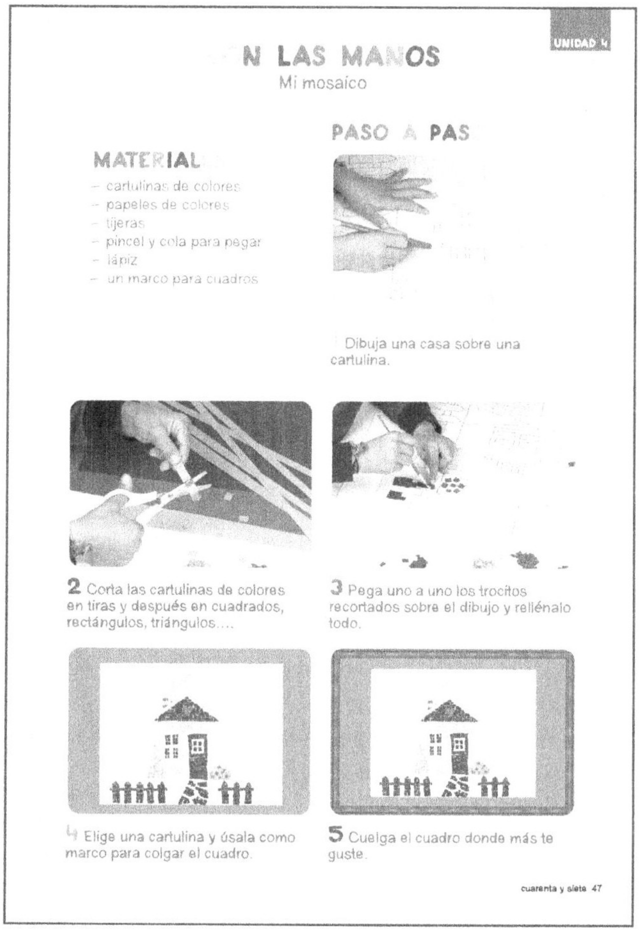
UNIDAD 4

N LAS MA OS

Mi mosaico

MATERIAL

- cartulinas de colores
- papeles de colores
- tijeras
- pincel y cola para pegar
- lápiz
- un marco para cuadros

PASO A PAS

Dibuja una casa sobre una cartulina.

2 Corta las cartulinas de colores en tiras y después en cuadrados, rectángulos, triángulos....

3 Pega uno a uno los trocitos recortados sobre el dibujo y rellénalo todo.

4 Elige una cartulina y úsala como marco para colgar el cuadro.

5 Cuelga el cuadro donde más te guste.

cuarenta y siete 47

CON LAS MANOS
Mi mosaico

Explique a sus alumnos que van a crear el mosaico de una casa inventada o de una que les guste mucho. Anímelos a ser creativos y fomente su motivación durante la explicación de la actividad. Es recomendable que usted prepare su propio mosaico previamente y lleve el resultado al aula a modo de ejemplo.

Para la preparación de los materiales, lea con sus estudiantes todo lo que van a necesitar para la elaboración de la actividad y resuelva las dudas de vocabulario que puedan surgir. Para ello, puede ayudarse de la secuencia de imágenes que acompañan el desarrollo de la manualidad.

Proporcione el material a los alumnos y anímelos a que miren las fotos para que vayan descubriendo el proceso que van a seguir. Tenga en cuenta que cada niño tiene que recortar trozos pequeños de cartulina para crear las teselas del mosaico, por lo tanto, trate de estar atento a las dificultades que puedan surgir. Asegúrese de que todos los alumnos son capaces de realizar el proceso. Durante la realización de la actividad, pasee por la clase y ayude a sus estudiantes en lo que necesiten. Anímelos a ser creativos y a decorar su mosaico con los colores que más les gusten.

DESCUBRIR EL MUNDO
Arte español: Joan Miró

El objetivo de esta sección es introducir a los estudiantes en el arte español a través de un artista reconocido: Joan Miró.

1. LEE

Antes de comenzar la sección, muestre a los estudiantes un cuadro de Joan Miró en el que aparezcan muchos colores, como *El jardín* (lo encontrará fácilmente en internet). En primer lugar, anímelos a decir qué colores hay en el cuadro y, después, pregúnteles qué creen que representa el cuadro. Acepte todas las respuestas, ya que se trata de una forma de activar los conocimientos de los alumnos y fomentar su creatividad. Finalmente, escriba en la pizarra el nombre del cuadro (*El jardín*). Si ninguno de sus estudiantes lo había propuesto como respuesta, anímelos a observarlo de nuevo y comente con ellos lo que representa y por qué. Es muy probable que respondan en su lengua a estas preguntas, ya que seguramente todavía no conocen el vocabulario necesario. No se preocupe y enséñeles en español las palabras que crea que pueden serles de utilidad o que verán más adelante en las unidades, como **animales**, **plantas** o **flores**.

A continuación, muestre una fotografía de Joan Miró y coménteles que es el autor del cuadro que acaban de ver. Después, invite a los estudiantes a leer la información que presenta Lola y resuelva las dudas de vocabulario que puedan surgir.

En función del nivel del grupo, puede incluir información adicional sobre el artista.

Nota cultural

Joan Miró nació en Barcelona el 20 de abril de 1893. Es considerado uno de los máximos representantes del arte contemporáneo del siglo xx. Su obra refleja el interés por los objetos cotidianos, el vínculo con la tierra y con el entorno natural, así como su preocupación por los acontecimientos políticos y sociales más convulsos de su época.

2. OBSERVA Y SEÑALA. ¿QUÉ FORMAS UTILIZA MIRÓ EN SU CUADRO?

Centre la atención de los estudiantes en el cuadro de la izquierda y pregúnteles qué ven. Es posible que mencionen cosas como **un sol**, **una estrella**, **personas**, **un animal**... Explíqueles que la obra representa a dos personajes y un perro delante del sol y pídales que traten de encontrar estos elementos en el cuadro. Después, anímelos a comentar los colores que aparecen en la pintura.

Dirija la atención de sus estudiantes hacia la imagen de la derecha y explíqueles que son dibujos o formas que Miró utiliza muchas veces en sus cuadros. Después, anímelos a que, por parejas, observen las figuras y vayan marcando con un círculo las que encuentren en el cuadro. Para terminar, haga una puesta en común en clase abierta y pregúnteles cuántas formas diferentes han encontrado.

Si desea mostrar a sus estudiantes algunas obras más, puede utilizar este vídeo de Youtube: *Descubriendo a Miró* (https://www.youtube.com/watch?v=ZZs9kcxgEDI) o visitar la página web de su fundación: http://www.fmirobcn.org/es/.

3. DIBUJA UN MURAL CON TUS COMPAÑEROS

Explique a los alumnos que van a pintar “El gran cuadro de la clase” utilizando las formas y los colores que Miró empleaba en sus cuadros. Si es posible, lleve al aula una tira de papel continuo; si no dispone de este tipo de papel, puede llevar cartulinas grandes para trabajar en pequeños grupos y unir todas las partes al final.

Lea las instrucciones de la actividad con sus alumnos y anímelos a pintar según sus gustos y el estilo de Miró. Una vez terminado el cuadro, realice una lluvia de ideas en clase abierta para poner título al trabajo y ayúdelos a escribirlo en el cuadro.

Por último, cuelguen entre todos “El gran cuadro de la clase” en la pared del aula y consérvenlo como recuerdo.

DESCUBRIR EL MUNDO
Arte mexicano: Frida Kahlo

El objetivo de esta sección es introducir a los estudiantes en el arte mexicano a través de una artista reconocida: Frida Kahlo.

1. LEE Y BUSCA

Muestre a sus estudiantes una fotografía de Frida Kahlo y, después, pídales que lean la pregunta que les hace Leo: **¿Has visto un cuadro en el pasillo de mi casa?** Explíqueles que, para responder a esta pregunta, tienen que consultar la página 40 del LIBRO DEL ALUMNO. A continuación, remítalos de nuevo a la página 49 y anímelos a que sigan leyendo la información que les aporta Leo sobre la artista y su casa museo.

Si dispone de los medios necesarios para conectarse a internet, puede ayudar a los alumnos a ampliar sus conocimientos sobre la pintora. Plantéeles, para ello, las siguientes preguntas:

1. ¿De dónde era Frida Kahlo?
2. Busca algunos de sus cuadros más famosos.

Solución

1. De Coyoacán, México.
2. *Viva la vida* o *Yo y mis loros*. Tenga en cuenta que los cuadros de Frida Kahlo son de temática dura, por lo que sería conveniente que tuviera mucho control sobre las imágenes que buscan sus alumnos, o que sea usted quien les muestre algunas obras en clase sin necesidad de consultar en la red.

Nota cultural

Frida Kahlo, pintora y poetisa mexicana, nació en Coyoacán en 1907. Su vida estuvo marcada por la enfermedad de la polio y por un grave accidente en su juventud que la mantuvo postrada en cama durante largos periodos. Su obra pictórica gira en torno a su biografía y a su propio sufrimiento. Fue autora de unas doscientas obras, principalmente autorretratos.

2. OBSERVA Y HABLA

Dirija la atención de sus estudiantes al bocadillo en el que Frida Kahlo se presenta. Escriba la palabra **autorretrato** en la pizarra y explíqueles que un autorretrato es una imagen que alguien hace de sí mismo. Si lo cree necesario, puede mostrarles más ejemplos de artistas que se han pintado o fotografiado.

Después, fije de nuevo la atención de sus estudiantes en el cuadro *Autorretrato con collar de espinas y colibrí*, lea con los alumnos las preguntas de la derecha y anímelos a responderlas.

Solución

- En el cuadro se ve a Frida Kahlo en un jardín con varios animales: un mono, un gato negro, mariposas y un pájaro (un colibrí).
- La última pregunta es de respuesta libre, pero puede ayudarlos haciendo mención a los colores, a la seriedad de Frida o a los animales.

3. DIBUJA Y CREA UN *COLLAGE*

Explique a sus alumnos que van a hacer un retrato de Frida Kahlo. Dirija su atención hacia el cuadro de materiales que van a necesitar para elaborarlo, léanlo en voz alta y asegúrese de que todos los estudiantes comprenden las palabras y disponen de las herramientas necesarias para realizar la actividad. Lea con ellos también el consejo que se ofrece y, si dispone de los medios necesarios, recoja hojas y flores con sus estudiantes para decorar el retrato.

Puede proponer la actividad de forma individual, por parejas o en pequeños grupos, dependiendo del número de estudiantes que tenga en clase. Una vez organizados los grupos y los materiales, dirija la atención de los alumnos al modelo de retrato de la actividad y anímelos a crear su propio dibujo.

Para terminar, decore las paredes del aula con los trabajos de los niños y anímelos a pasear por la clase para ver los dibujos de sus compañeros.

Para cerrar la sección DESCUBRIR EL MUNDO 2, introduzca el concepto de **galería de arte** o **museo** y proponga a sus alumnos que, después de decorar el aula con los retratos de Frida Kahlo y el mural de Joan Miró, inviten a los alumnos de otras clases para hacerles una visita guiada y explicarles la exposición.

El objetivo de la doble página de entrada es introducir el tema de la comida y activar los conocimientos previos de los estudiantes a través de la ilustración y del audio que la acompaña.

ILUSTRACIÓN

Pida a sus estudiantes que abran el manual por la página 50 y anímelos a observar con detenimiento la imagen. Pregúnteles: **¿Quiénes son?**; **¿Dónde están?**; **¿Qué hacen?** En este momento del curso, los estudiantes seguramente ya no tendrán problemas para identificar los personajes. En la unidad anterior han estudiado las partes de la casa, por lo que serán capaces de responder que **Lola, su madre y sus hermanos están en la cocina**. A la tercera pregunta, pueden responder con frases sencillas utilizando verbos en español que ya han estudiado, como **Pablo come** y **Lola habla por teléfono**. Asimismo, es posible que digan algunas palabras en su lengua materna para expresar que **Rosa cocina** y **Curro abre la nevera**. En ese caso, escriba las palabras en la pizarra y presente el nuevo vocabulario.

A continuación, explíqueles que van a escuchar un audio y anímelos a que, por parejas, relacionen los sonidos que escuchan con los elementos de la imagen. Reproduzca la pista 73 y, después, resuelva las dudas de vocabulario que le vayan planteando sus estudiantes.

Propuesta de solución

Un grifo del que sale agua (en la imagen está cerrado), un cuchillo que corta frutas u otros alimentos, una batidora en marcha, ladridos de Piñata, una nevera que se abre, platos... Es posible que sus alumnos mencionen el sonido de un microondas, alguien que come cereales o ruido de cubiertos aunque no sean objetos que aparecen en la ilustración. En el caso del microondas, puede señalarles el horno que está detrás de Lola.

Si lo considera oportuno, proponga a sus alumnos ampliar el vocabulario de la ilustración. Tenga preparados pósits pequeños, repártalos entre sus estudiantes y anímelos a observar de nuevo la imagen. A continuación, pídales que vayan pegando los pósits sobre los objetos que les gustaría poder decir en español. Pasee por la clase y vaya dando ese vocabulario.

CON LUPA 1

El objetivo de esta sección es que los alumnos aprendan léxico relacionado con la comida y a expresar deseos sobre alimentos y bebidas.

1. MIRA Y ESCUCHA

Centre la atención de sus alumnos en la imagen y pregúnteles: **¿Qué está haciendo la madre de Lola?** Escriba **Un batido** en la pizarra y asegúrese de que todos los estudiantes comprenden el significado. Después, pregúnteles: **¿Con qué ingredientes se puede hacer un batido?** Anote en la pizarra la palabra **frutas** y, a continuación, escriba la siguiente serie: **plátanos**, **fresas**, **manzanas**, **queso**, **frambuesas**, **moras**, **sandía**. Es posible que los estudiantes conozcan algunos de estos términos si se han interesado por ellos en la dinámica de los pósits. De lo contrario, muestre a los alumnos imágenes de los alimentos que aparecen en el audio, diga sus nombres en voz alta y anímelos a repetir el vocabulario de forma coral. Después, explique a sus alumnos que Lola y su madre quieren preparar un batido y pregúnteles: **¿Qué ingrediente de la lista no aparece en la conversación?** Reproduzca, para ello, la pista 74.

Solución

- Frutas: plátanos, fresas, manzanas, frambuesas, moras, sandía.
- Intruso: queso.

A continuación, explíqueles que van a escuchar de nuevo la conversación entre Lola y su madre y que, cada vez que escuchen una de las frutas, deberán señalarla en la ilustración de las páginas 50 y 51. Reproduzca la pista 74 y vaya pausando el audio cada vez que se nombre una fruta para dar a sus alumnos tiempo suficiente para localizarlas.

Para terminar, comente a sus estudiantes que Lola quiere preparar un batido para participar en un concurso de "minichef" de la escuela. Explíqueles que este término hace referencia a los cocineros infantiles y que en algunos países son populares los concursos televisivos de "minichefs". Después, pregunte a sus alumnos: **¿De qué color quiere hacer Lola su batido?** (es posible que algunos de ellos lo recuerden de las escuchas anteriores). Reproduzca la pista 74 para confirmarlo.

Solución

Lola quiere hacer un batido "superrosa".

Seguramente los estudiantes entiendan el significado del prefijo **super-**, puesto que se utiliza en muchas otras lenguas. No obstante, aclare el significado explicándoles que, en el español coloquial, este prefijo se usa con frecuencia para añadir un valor superlativo al adjetivo o al adverbio al que se une, como en **superrosa** o **superbién**.

2. ESCUCHA Y REPITE

Reproduzca la pista 75 y anímelos a ir repitiendo las frases. Si lo estima necesario, puede ir pausando el audio después de cada frase para dar un poco más de tiempo a los alumnos a reproducirlas. Puede pedirles que las repitan a coro o de manera individual (por turnos), dependiendo del número de estudiantes que haya en la clase o del nivel de ansiedad que les pueda generar repetir las frases uno por uno.

3. LEE Y RELACIONA

Escriba en la pizarra las expresiones **Quiero** y **No quiero**. Si dispone de ellas, utilice las imágenes de las frutas que utilizó para trabajar la actividad 1 y formule una frase del tipo **Quiero comer manzanas**. A continuación, elija otra imagen y formule una nueva frase: **No quiero comer sandía**, acompañándola de gestos de negación.

Dirija la atención de los estudiantes a la imagen y haga una lectura de las frases en grupo clase. Puede remitirlos al GLOSARIO de la UNIDAD 5, en la página 58 del CUADERNO DE EJERCICIOS, para trabajar el léxico de la actividad. A continuación, pida a sus alumnos que, de manera individual, relacionen las frases con los dibujos que aparecen en la parte inferior de la imagen. Cuando terminen, anime a sus estudiantes a que comparen sus respuestas con las del compañero y, finalmente, haga una puesta en común en clase abierta.

Solución

- Quiero comer un melocotón: 

- Quiero beber un zumo: 
- No quiero comer sandía:  Quiero uvas: 
- Yo no sé.
- Quiero comer fresas: 
- Quiero tomar un yogur: 

Para terminar, pregunte a sus estudiantes al azar: **Y tú, ¿qué quieres comer?** Anímelos a responder usando los alimentos que aparecen en la actividad u otros.

4. AHORA TÚ. JUEGA CON LA PLASTILINA. ¿QUÉ QUIERES COMER?

Antes de comenzar la actividad, centre la atención de sus alumnos en el apartado UN POQUITO MÁS y anímelos a observar las imágenes y los nombres de las comidas del día. Para favorecer la comprensión, puede hacer referencia a un reloj y relacionar cada comida con el horario en el que se toma. Después, anímelos a tomar nota del nuevo vocabulario en su cuaderno junto con la traducción a su lengua.

A continuación, remítalos a la actividad, centre la atención de sus estudiantes en las fotografías y anímelos a comentar qué ven.

Solución

Un plato, cubiertos (cuchillo, cuchara, tenedor), unos moldes con forma de champiñón y zanahoria, plastilina de colores y comida hecha con plastilina: un tomate, una zanahoria y un huevo frito.

Después, reparta plastilina de diferentes colores entre sus alumnos. Pídales que elijan una comida del día (desayuno, comida, merienda o cena), que dibujen en un papel la silueta de un plato y que creen con la plastilina los alimentos que les gustan o les apetece comer. Cuando terminen, escriba en la pizarra **¿Qué quieres comer?** Anime a uno de sus estudiantes a salir a la pizarra con su plato y a explicárselo a sus compañeros. Ayúdelos con el vocabulario y anime al resto de los alumnos a presentar sus platos en clase. Al finalizar, pregunte: **¿Qué plato os gusta más?** Proponga una votación en clase abierta.

UN POQUITO MÁS

Este apartado introduce los nombres y los tipos de alimentos de las diferentes comidas del día. Se recomienda introducir este contenido durante la realización de la actividad 4.

CON LUPA 2

UNIDAD 5

5 Mira y escucha.

6 Escucha y repite.

7 Colorea las frutas que te gustan y habla con tu compañero.

8 Ahora tú Recorta, pregunta a tus compañeros y escribe.

Nombre	Le gusta(n)	No le gusta(n)

9 Ahora tú Prueba y adivina.

Un poquito más

Los sabores

Dulce Amargo Salado Ácido

cincuenta y tres 53

CON LUPA 2

El objetivo de esta sección es aprender a expresar gustos en relación con la comida y a preguntar por los de los demás.

5. MIRA Y ESCUCHA

Pida a sus estudiantes que observen la imagen y anímelos a responder a las siguientes preguntas: **¿Dónde está Lola?**; **¿Qué tiene en la mano?**; **¿Con quién creéis que habla?**; **¿Qué hay en la mesa?** Vaya anotando las respuestas en la pizarra para repasar el léxico que, previsiblemente, ya conocen.

Solución

Lola está en la cocina. Tiene un móvil en la mano y habla con su primo Leo. En la mesa hay fresas, manzanas, sandía, moras y frambuesas.

Reparta a sus estudiantes la FICHA FOTOCOPIABLE 11.A y haga una lectura en grupo clase. En la ficha encontrarán algunas de las frases que van a decir Lola y Leo en el audio. Resuelva posibles dudas de vocabulario y explique a sus alumnos que van a escuchar una conversación entre Lola y Leo y que deberán marcar quién dice cada una de ellas (la conversación tiene lugar a través de mensajes de voz grabados y reproducidos en el momento). Reproduzca la pista 76 una o dos veces, según considere oportuno. Anime a sus alumnos a comparar primero sus resultados con los de un compañero y, después, haga la comprobación en grupo clase.

Solución de la FICHA FOTOCOPIABLE 11.A
- Lola: frases 1 y 3
- Leo: frases 2 y 4

A continuación, escriba en la pizarra la expresión **Me gusta** acompañada de una cara sonriente y la expresión **Me encanta** acompañada de dos caras sonrientes. Asegúrese de que los alumnos comprenden que **me encanta** implica más intensidad que **me gusta**. Después, escriba **No me gusta** junto a una cara triste. Al lado, escriba **batido**, **frutas** y **verduras**. En este punto de la sesión, sus estudiantes ya conocen las palabras **batido** y **frutas**. Aclare el término **verduras** y vaya preguntando al azar: **¿Te gustan las frutas?**; **¿Te gustan los batidos?**; **¿Te gustan las verduras?** Y anímelos a responder en español utilizando las nuevas expresiones.

A continuación, explique a sus alumnos que van a escuchar de nuevo el audio para averiguar los gustos de Lola y Leo. Reparta para ello la FICHA FOTOCOPIABLE 11.B y pídales que dibujen una cara sonriente, dos caras sonrientes o una cara triste en función de los gustos de los protagonistas. Reproduzca de nuevo la pista 76 y realice la comprobación en clase abierta.

Solución de la FICHA FOTOCOPIABLE 11.B
- Leo: el batido 
- Leo: las frutas 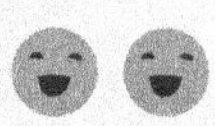
- Lola: las verduras 

6. ESCUCHA Y REPITE

Reproduzca la pista 77 y anímelos a ir repitiendo las frases. Si lo estima necesario, puede ir pausando el audio después de cada frase para dar un poco más de tiempo a los alumnos a reproducirlas. Puede pedirles que las repitan a coro o de manera individual (por turnos), dependiendo del número de estudiantes que haya en la clase o del nivel de ansiedad que les pueda generar repetir las frases uno por uno.

7. COLOREA LAS FRUTAS QUE TE GUSTAN Y HABLA CON TU COMPAÑERO

Pida a sus estudiantes que lean las frases que utiliza Lola para hablar de sus gustos. Después, pregunte a sus alumnos: **¿Qué frutas le gustan a Lola?** Previsiblemente dirán **piña** y **fresas**. Si no utilizan el artículo para responder, haga hincapié en él y escriba en la pizarra **La piña** y **Las fresas**; centre la atención de los alumnos en la marca del plural del verbo **encantar** en la frase de Lola.

A continuación, divida la pizarra en dos partes. Escriba en la parte de la izquierda **Me gusta** y **Me encanta** y en la de la derecha **Me gustan** y **Me encantan**. Después, muestre diferentes imágenes y pregunte a sus estudiantes en qué lugar de la pizarra deben ponerlas.

- Ejemplos de imágenes para el singular: zumo, yogur, sandía.
- Ejemplos de imágenes para el plural: uvas, moras, fresas.

Anime a sus alumnos a que se levanten y vayan colocando las imágenes en su lugar correspondiente. Pídales que escriban la palabra debajo de la imagen (sin olvidar el artículo) y anime al resto de los estudiantes a ayudar al compañero que está en la pizarra deletreando el nombre del alimento si este tuviera alguna duda al escribirlo.

Después, remita de nuevo a los estudiantes a la actividad y lea con ellos la pregunta del círculo amarillo: **¿Qué frutas te gustan?** Anímelos a repasar el vocabulario de las frutas representadas en el frutero y a colorear, de manera individual, solo las que les gusten. Cuando hayan terminado, organice la clase por parejas y pida a sus alumnos que pregunten a su compañero sobre sus gustos siguiendo el modelo de la actividad: la frase del círculo amarillo y las respuestas de Lola.

8. AHORA TÚ. RECORTA, PREGUNTA A TUS COMPAÑEROS Y ESCRIBE

Antes de realizar esta actividad, repase de nuevo el verbo **gustar** si lo considera necesario. De lo contrario, formule directamente las preguntas de la actividad y pida a sus alumnos que respondan por turnos.

A continuación, remita a sus estudiantes a la página 79, donde encontrarán el material recortable necesario para realizar esta actividad. Anime a los estudiantes a observar las imágenes, trabaje con ellos el vocabulario para resolver posibles dudas y, después, pídales que recorten las fotografías de los alimentos. A continuación, reparta la FICHA FOTOCOPIABLE 12, que reproduce la idea del cuadro de la actividad 8 de la página 53.

Anime a sus estudiantes a pegar las tarjetas de los alimentos en las casillas correspondientes de la ficha. Después, explíqueles que tienen que moverse por la clase y preguntar a sus compañeros por sus gustos. Especifique que solo pueden preguntar por un alimento a cada compañero y que deberán anotar su nombre y si le gusta o no le gusta. Una vez que hayan completado la tabla, anímelos a formular frases sobre los gustos de sus compañeros: **A Jules le gusta el queso**; **A Teresa no le gustan los dulces**, etc.

Cuaderno de ejercicios
Actividades 10 y 11

9. AHORA TÚ. PRUEBA Y ADIVINA

Para preparar la actividad, centre la atención de sus alumnos en el apartado UN POQUITO MÁS y anímelos a observar las imágenes que acompañan a los sabores **dulce**, **amargo**, **salado** y **ácido**. Asegúrese de que todos los estudiantes comprenden el significado de los sabores que aparecen ejemplificados con las imágenes. Si lo considera necesario, ponga otros ejemplos más cercanos a la realidad de su grupo. Por ejemplo, tenga en cuenta que el chocolate podría interpretarse como dulce si los niños nunca han probado el cacao puro.

A continuación, explique a sus alumnos que van a jugar con los sabores. No olvide llevar algunos alimentos a clase en trozos pequeños para realizar la dinámica. Antes de empezar, asegúrese de que los niños no tienen ninguna alergia o condición alimentaria especial. Remita a sus alumnos al modelo de la actividad y asegúrese de que todos entienden las preguntas. Para ello, puede poner algunos ejemplos en clase abierta. Se recomienda trabajar en grupo clase, pues es una actividad muy divertida, motivadora y que favorece el aprendizaje de los alumnos con un estilo más cinestésico.

Tenga preparados y tapados varios alimentos en una mesa. Organice la clase en pequeños grupos (si lo prefiere puede hacer la actividad en clase abierta) y anime a uno de los estudiantes a que se tape los ojos. Destape uno de los alimentos que tiene guardados y pida a otro alumno que le dé a probar un poquito, con cuidado de no hacerle daño y tratando de que no se atragante. Anímelos a hacerse preguntas y dar respuestas (siguiendo el modelo del libro) hasta que el estudiante con los ojos tapados acierte el alimento que le han dado a probar. Realice la actividad las veces que considere oportuno y procure que todos los estudiantes participen.

UN POQUITO MÁS

Este apartado está dedicado a aprender e identificar el nombre de los sabores en español. Se recomienda presentar el léxico durante el desarrollo de la actividad 9. Si lo considera necesario, anime a los estudiantes a copiar el nuevo vocabulario en su cuaderno junto con la traducción en su lengua materna.

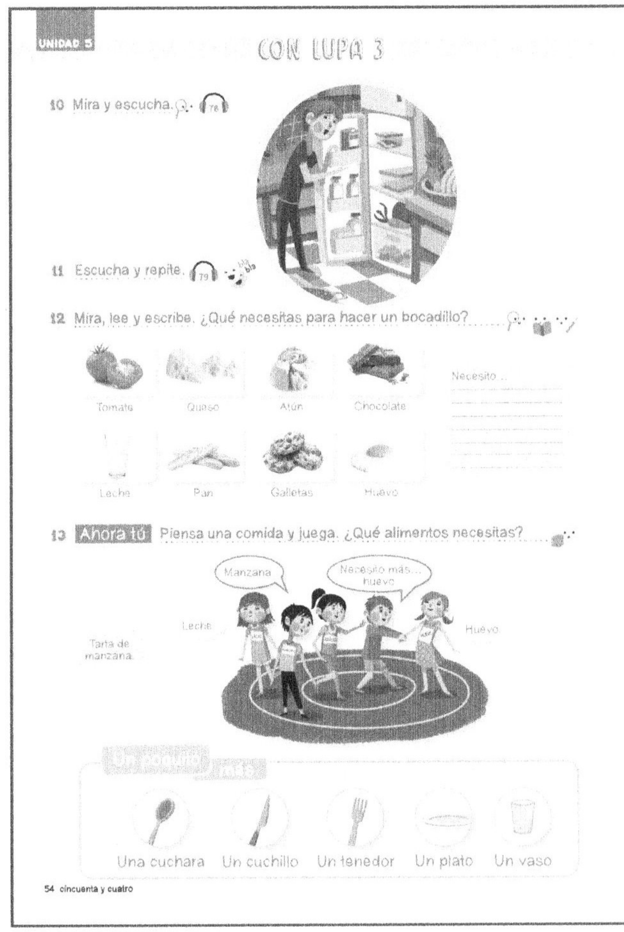
UNIDAD 5

CON LUPA 3

10 Mira y escucha.

11 Escucha y repite.

12 Mira, lee y escribe. ¿Qué necesitas para hacer un bocadillo?

Tomate, Queso, Atún, Chocolate, Leche, Pan, Galletas, Huevo

Necesito...

13 Ahora tú Piensa una comida y juega. ¿Qué alimentos necesitas?

Un poquito más

Una cuchara, Un cuchillo, Un tenedor, Un plato, Un vaso

54 cincuenta y cuatro

CON LUPA 3

El objetivo de esta sección es que los estudiantes sean capaces de expresar necesidades y hablar de los ingredientes de un plato o de una comida.

10. MIRA Y ESCUCHA

Pida a sus alumnos que observen la imagen y pregúnteles: **¿Dónde está Curro?** Puesto que conocen el vocabulario, es esperable que mencionen que se encuentra **en la cocina** e incluso es posible que alguno comente que está **delante de la nevera**.

A continuación, pida a los niños que identifiquen los alimentos que ven en la imagen. En este punto de la secuencia ya serán capaces de decir algunas palabras, como **fruta**, **plátanos**, **piña**, **zumo**, **leche**, **sandía** o **queso**.

Dibuje en la pizarra un **bocadillo** y escriba al lado la palabra. Explique a los estudiantes que van a escuchar un audio y que deben averiguar para quién es el bocadillo que va a preparar Curro. Reproduzca, para ello, la pista 78.

Solución

Curro va a preparar un bocadillo para su hermano Pablo (y otro para él).

11. ESCUCHA Y REPITE

Reproduzca la pista 79 y anímelos a ir repitiendo las frases. Si lo estima necesario, puede ir pausando el audio después de cada frase para dar un poco más de tiempo a los alumnos a reproducirlas. Puede pedirles que las repitan a coro o de manera individual (por turnos), dependiendo del número de estudiantes que haya en la clase o del nivel de ansiedad que les pueda generar repetir las frases uno por uno.

12. MIRA, LEE Y ESCRIBE. ¿QUÉ NECESITAS PARA HACER UN BOCADILLO?

Centre la atención de sus estudiantes en las imágenes de la actividad y repase con ellos el vocabulario de los alimentos.

Después, recuérdeles la palabra **bocadillo** y dígales que tienen que seleccionar los ingredientes necesarios para preparar uno. Aclare el significado del verbo **necesitar** e invítelos a escribir los alimentos en el cuadro verde. Tenga en cuenta que hay varios alimentos con los que se pueden hacer distintos bocadillos, no solo uno. Para la corrección, puede pedir que un voluntario salga a la pizarra y escriba las palabras que sus compañeros le vayan diciendo.

Solución
Pan, tomate, queso, atún, chocolate, incluso huevo.

Como actividad de ampliación, puede animar a los estudiantes a que dibujen en su cuaderno un bocadillo con los ingredientes que a ellos les gustan y escribirlos a continuación.

Puede aprovechar este momento para introducir el contenido del apartado UN POQUITO MÁS. Lleve al aula cubiertos, un plato y un vaso. Muestre uno por uno todos los elementos y pregunte a los alumnos: **¿Qué es?** Dirija su atención al cuadro para que consulten las palabras y ayudarlos a responder. Pida primero una respuesta conjunta y, posteriormente, vaya preguntando a los alumnos por los objetos de forma individual. Una vez presentado el vocabulario, remita de nuevo a los estudiantes a las imágenes de la actividad y pregúnteles: **¿Qué necesito para comer/beber...?** Ponga varios ejemplos en clase abierta:

- Para comer un huevo necesito un plato, un cuchillo y un tenedor.
- Para beber leche necesito un vaso.

Cuaderno de ejercicios
Actividades 2, 3 y 4

13. AHORA TÚ. PIENSA UNA COMIDA Y JUEGA. ¿QUÉ ALIMENTOS NECESITAS?

Muestre a sus estudiantes la imagen de la actividad en la que unos niños aparecen jugando y nombrando alimentos. Explíqueles que, en primer lugar, tienen que pensar en una comida de forma individual. Anímelos a escribir el nombre de la comida en un papel y revise los platos que han escogido para asegurarse de que se trata de recetas sencillas cuyos ingredientes son conocidos por la mayoría. De todas formas, tenga preparados algunos ejemplos sencillos por si algún estudiante no es capaz de pensar en ninguno, como **tortilla de queso** o **batido de frutas**.

Lea el modelo de la tarta de manzana y asegúrese de que todos los estudiantes comprenden la dinámica. Para ello, es recomendable poner un ejemplo en clase abierta: pida a uno de sus alumnos que diga el nombre de su plato, hagan una lista de los ingredientes necesarios en la pizarra y forme un pequeño grupo con el mismo número de estudiantes que ingredientes lleva la receta. Después, pida a cada participante (excepto al alumno que ha propuesto la comida) que escriba uno de los ingredientes en un pósit para pegárselo en la camiseta o en la frente. El juego consiste en que el alumno que quiere preparar su plato tiene que intentar atrapar todos los alimentos que necesita para llevar a cabo su receta sin salirse del círculo pequeño. Pinte unos círculos en el suelo, como los de la imagen, y anime a sus estudiantes a jugar intentando no ser atrapados por su compañero, que irá diciendo los ingredientes mientras trata de cazar los alimentos.

A continuación, forme más grupos y anímelos a jugar hasta completar todas las recetas, de manera que fomente, la actividad física en el aula al mismo tiempo que los alumnos repasan el nombre de los alimentos.

UN POQUITO MÁS

Esta sección introduce el léxico relacionado con los cubiertos y los utensilios básicos para comer. Se recomienda introducir este contenido durante la realización de la actividad 12.

Cuaderno de ejercicios
Actividad 12

MIS PALABRAS

UNIDAD 5

14 Mira, escucha y repite.

80

el mango
el plátano
el melocotón
el limón
la naranja
la fresa
la frambuesa
la mora
la sandía
la pera
la uva
la piña

15 Escribe los alimentos y habla con tus compañeros.

¿Qué comes en la merienda?

Escribe en el gorro del chef y habla con tus compañeros.

16 Hacemos un cartel de comidas de la clase: dibuja, pinta y escribe.

¡Me encanta el chocolate!

Quiero comer uvas.

¿Te gustan los batidos?

17 Escucha, lee y canta. *Batido de frutas.*

81

Mi mamá cocina,
mi hermano también,
y ahora que ya soy mayor
también quiero aprender.

Hago un superbatido,
¡qué rico que está!
Lleva muchas frutas,
solo hay que mezclar.

Me gusta con fresa,
plátano y frambuesa.
Y a ti, ¿con qué te gusta?
¿Manzana, pera o uva?

cincuenta y cinco 55

MIS PALABRAS

Esta sección tiene como objetivo principal recoger y practicar todo el contenido léxico de la unidad para trabajarlo de manera focalizada y significativa.

14. MIRA, ESCUCHA Y REPITE

Centre la atención de sus alumnos en los dibujos de la actividad y pídales que lean las palabras en silencio. A continuación, reproduzca la pista 80 y anímelos a que vayan repitiéndolas a coro a medida que avanza el audio.

Una vez repasado el vocabulario, anime a sus alumnos a fijarse en la palabra que aparece delante de cada fruta: el artículo. Pregúnteles: **¿Cuándo usamos cada una?** Puesto que los estudiantes ya conocen el concepto de **masculino** y **femenino** y además han estudiado los artículos en unidades previas, es posible que mencionen que las palabras que llevan **el** son masculinas y las que llevan **la** son femeninas. Si los alumnos no le ofrecen la respuesta que espera, explíqueselo usted y asegúrese de que prestan atención a la terminación de las palabras (en este caso **-o** u **-ón** para los términos masculinos y **-a** para los femeninos). Es importante que vuelva a llamar su atención sobre el código de color que marcan las terminaciones (rojo para el masculino y lila para el femenino), que se viene repitiendo a lo largo de todo el manual.

Para fijar el uso de estos artículos, organice a los alumnos por parejas y explíqueles que uno de ellos tiene que decir una palabra y el otro completarla añadiendo el artículo que corresponda, como en el ejemplo siguiente. Después de cinco palabras, asegúrese de que intercambian los roles.

- Estudiante 1: naranja
- Estudiante 2: la naranja

Cuaderno de ejercicios
Actividades 1, 6 y 13

15. ESCRIBE LOS ALIMENTOS Y HABLA CON TUS COMPAÑEROS

Antes de comenzar la actividad, pregunte a sus alumnos: **¿Cómo se llama la comida que hacemos por la mañana?** Repita la misma pregunta con las diferentes partes del día para repasar **el desayuno**, **el almuerzo/la comida**, **la merienda** y la **cena**. Si lo estima necesario, vaya anotando las respuestas en la pizarra y al terminar rodee la palabra **merienda** para aclarar que van a trabajar sobre ella.

Después, centre la atención de los estudiantes en la imagen y pregúnteles: **¿Qué es?** Aunque los alumnos seguramente no conocen la expresión **gorro de cocinero** en español, pueden tratar de mencionar **chef** a partir del título de la unidad. Escriba las palabras en la pizarra y, después, invite a los alumnos a leer la pregunta de Lola y las instrucciones que deben seguir. Para asegurarse de que todos los estudiantes han entendido lo que deben hacer, puede usted poner un ejemplo sobre su merienda.

Para la puesta en común, pídales que, en cadena, formulen la pregunta de Lola a su compañero de la derecha. Cuando uno de los estudiantes diga un alimento que otros también han escrito, anímelos a levantar la mano y a decir: **¡Yo también!**

16. HACEMOS UN CARTEL DE COMIDAS DE LA CLASE: DIBUJA, PINTA Y ESCRIBE

Pida a sus estudiantes que observen la imagen y explíqueles que van a crear "El cartel de las comidas de la clase". Si tiene muchos alumnos, puede organizar varios grupos para que todos puedan contribuir de forma activa y trabajar más cómodamente en la cartulina.

Antes de comenzar, anímelos a leer las frases y repase las estructuras y el vocabulario. Recuerde a sus alumnos que pueden consultar el GLOSARIO de la unidad en la página 58 del CUADERNO DE EJERCICIOS.

Anímelos a crear y a decorar su cartel como más les guste y recuérdeles que pueden incluir dibujos, imágenes, frases y preguntas. Durante la actividad, pasee por el aula para resolver posibles dudas y asegurarse de que están escribiendo las frases correctamente.

Para terminar, pida a cada grupo que presente su trabajo y que explique al resto de compañeros qué han incluido en su cartel de las comidas de la clase. Cuelgue los trabajos en el aula a modo de recuerdo.

17. ESCUCHA, LEE Y CANTA. *BATIDO DE FRUTAS*

Antes de escuchar la canción, pida a sus estudiantes que lean la letra y que busquen las palabras relacionadas con la **familia**. Después, anímelos a subrayar las **frutas** y, para terminar, pídales que busquen una **bebida**. Haga una puesta en común con los resultados para asegurarse de que todos comprenden la dinámica y refrescan el vocabulario.

Solución

- Familia: mamá, hermano.
- Frutas: fresa, plátano, frambuesa, manzana, pera, uva.
- Bebida: batido.

A continuación, explique a sus estudiantes que van a escuchar la canción. Anímelos a ponerse de pie y a bailar al ritmo de la música. Reproduzca la pista 81.

En una segunda escucha, pídales que den una palmada cada vez que escuchen el nombre de una fruta o entrégueles por grupos (una imagen por persona) las frutas que se nombran para levantar su imagen cuando escuchen la que tienen en la mano. De esta manera, cada grupo levantará la misma fruta al mismo tiempo a modo de coreografía.

Recuerde que dispone de las letras de las canciones en un PDF descargable e imprimible en **lolayleo.difusion.com** y **campus.difusion.com**.

Cuaderno de ejercicios
Actividad 18

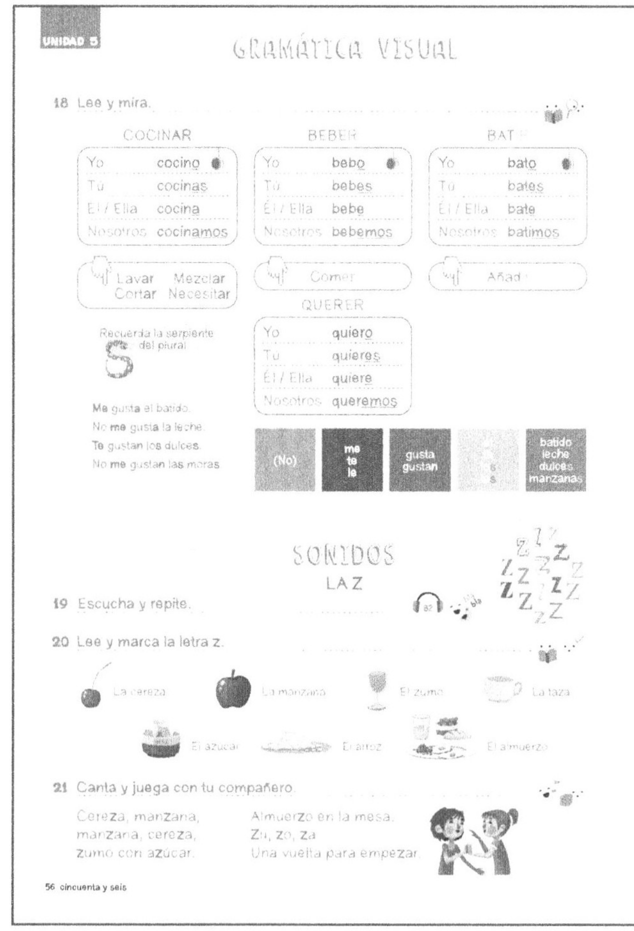
UNIDAD 5 GRAMÁTICA VISUAL

18 Lee y mira.

COCINAR		BEBER		BATIR	
Yo	cocino	Yo	bebo	Yo	bato
Tú	cocinas	Tú	bebes	Tú	bates
Él / Ella	cocina	Él / Ella	bebe	Él / Ella	bate
Nosotros	cocinamos	Nosotros	bebemos	Nosotros	batimos

Lavar Mezclar Cortar Necesitar — Comer — Añadir

Recuerda la serpiente del plural

QUERER	
Yo	quiero
Tú	quieres
Él / Ella	quiere
Nosotros	queremos

Me gusta el batido.
No me gusta la leche.
Te gustan los dulces.
No me gustan las moras.

(No) — me / te / le — gusta / gustan — s / s — batido / leche / dulces / manzanas

SONIDOS
LA Z

19 Escucha y repite.

20 Lee y marca la letra z.

La cereza — La manzana — El zumo — La taza — El azúcar — El arroz — El almuerzo

21 Canta y juega con tu compañero.

Cereza, manzana,
manzana, cereza,
zumo con azúcar.

Almuerzo en la mesa.
Zu, zo, za
Una vuelta para empezar.

56 cincuenta y seis

GRAMÁTICA VISUAL

Esta sección tiene como objetivo principal la asimilación y práctica del contenido gramatical de la unidad. Tenga en cuenta el código de colores establecido para favorecer la fijación de los contenidos gramaticales (recuerde que es el mismo a lo largo de todo el manual) y no olvide que dispone de la sección de GRAMÁTICA VISUAL en un PDF descargable e imprimible en **campus.difusion.com**.

18. LEE Y MIRA

Este bloque está destinado a fijar, en primer lugar, la conjugación de los verbos regulares en las tres personas del singular y a introducir la primera del plural. Asimismo, será el momento de trabajar el verbo **querer** en esas mismas personas. Por otro lado, servirá para sistematizar el uso del verbo **gustar** con sustantivos en singular y plural.

<u>**Conjugación del presente**</u>

Para trabajar la primera persona del singular de los verbos en presente, lleve a la clase varios yoyós. Remita a sus alumnos a los cuadros de los verbos **cocinar**, **beber** y **batir** y centre su atención en la imagen del yoyó. Pregúnteles si recuerdan cómo se llama (si lo estima conveniente, escriba **yoyó** en la pizarra) y pronúncielo con énfasis, marcando especialmente la letra **o**. Después, haga rodar el yoyó mientras dice la primera persona del singular de estos mismos verbos junto con el pronombre personal: **yo cocino**, **yo bebo**, **yo bato**. Escriba otros verbos en la

yo cocino, **yo bebo**, **yo bato**. Escriba otros verbos en la pizarra que sus alumnos ya conozcan, como **bailar**, **comer**, **escribir**, **hablar**, etc., y repita la misma operación. No olvide bailar el yoyó en todo momento para dejar claro que la primera persona de los verbos en presente se forma de la misma manera: **yo** + verbo terminado en **-o**.

A continuación, lleve a clase varios yoyós, forme grupos y entregue a cada uno un yoyó. Después, explique a sus alumnos que, por turnos, deben ir bailándolo mientras conjugan en la primera persona del singular los verbos que están escritos en la pizarra u otros que recuerden. Cuando ya no sepan más verbos o se equivoquen, será el turno de otro compañero.

Cuando los alumnos hayan practicado la conjugación de la primera persona del singular, pase a trabajar la segunda y la tercera persona gradualmente. Para ello, tenga preparadas las letras **a**, **e** y **s** recortadas en cartulina. Explíqueles que todos los verbos terminados en **-ar** forman estas personas con la letra **-a** y que los verbos terminados en **-er** e **-ir** lo hacen con la letra **-e** y añada que la segunda persona lleva siempre una **-s**. Ponga algunos ejemplos marcando las terminaciones a la vez que levanta las letras recortadas correspondientes. Haga también gestos para marcar el pronombre, ya que resultará más fácil la memorización, especialmente para los alumnos más cinestésicos.

Para practicar la conjugación de la primera persona del plural, forme un círculo, haga que los alumnos se cojan de las manos y diga un verbo al azar, por ejemplo, **cocinar**, y anímelos a decirlo en la primera persona del plural: **Nosotros cocinamos**. Explique a sus estudiantes que usted irá diciendo verbos y que deberán ir conjugándolos a coro, todos juntos, de la siguiente manera: para la persona **yo**, deben hacer el gesto del yoyó o señalarse a sí mismos; para la persona **tú**, deben señalar al compañero de la izquierda; para las personas **él/ella**, deben señalar a otro compañero de enfrente y, finalmente, para **nosotros**, tiene que cogerse de las manos. Haga una prueba para comprobar que todos los alumnos comprenden la dinámica y vaya diciendo verbos paulatinamente. Puede ir aumentando la velocidad progresivamente para hacer más lúdica la actividad.

Cuaderno de ejercicios
Actividades 15, 16 y 17

Verbo querer

Centre la atención de sus estudiantes en el cuadro del verbo **querer** para hacerles notar la diptongación de la raíz (e>**ie**) que se da en las personas del singular. Para trabajar la conjugación, organice a sus alumnos en pequeños grupos. Ofrézcales un dado y explíqueles que, por turnos, lo irán tirando y que tendrán que conjugar el verbo según el número que les salga:

- 1: **yo quiero**
- 2: **tú quieres**
- 3: **él/ella quiere**
- 4: **nosotros queremos**
- 5: pregunta un pronombre a uno de tus compañeros
- 6: conjuga todas las personas conocidas del verbo **querer**

Ponga algunos ejemplos en grupo clase para asegurarse de que todos los estudiantes comprenden la dinámica, pasee por el aula y vaya corrigiendo los posibles errores que puedan surgir.

Cuaderno de ejercicios
Actividades 5 y 14

Verbo gustar

Para trabajar el verbo **gustar**, puede realizar un dictado de carreras. No obstante, antes de proponer el juego, repase con sus estudiantes en la pizarra las siguientes formas: **Me gusta/Me gustan**, **Te gusta/Te gustan**, **Le gusta/Le gustan** remitiéndolos a los cuadros de colores de la actividad. Añada algunos nombres (**Me gusta el chocolate / Me gustan las fresas**) para insistir en la importancia del singular o del plural del sustantivo al que se refieren estas formas (aproveche para recordarles *la serpiente del plural*); ponga diferentes ejemplos para asegurarse de que todos entienden el contenido antes de pasar a la práctica.

Divida la pizarra en dos partes, organice a los estudiantes en dos equipos y pídales que se coloquen en fila. Explíqueles que, cuando usted diga un alimento, el primer estudiante de cada fila deberá salir corriendo y escribir en la pizarra la frase correspondiente. Por ejemplo, si el profesor dice **arroz**, los alumnos deberán escribir **Me gusta el arroz**. El alumno que antes escriba la frase correctamente conseguirá un punto para su equipo y pasará al final de la fila. Jueguen tantas rondas como considere necesarias. Si desea variar la dinámica y quiere hacer también un ejercicio para recordar el léxico, puede mostrar una imagen en lugar de mencionar los alimentos.

Cuaderno de ejercicios
Actividades 7, 8 y 9

SONIDOS

Esta sección tiene como objetivo principal familiarizarse con la pronunciación y la escritura de la letra **zeta**.

19. ESCUCHA Y REPITE

Presente a sus alumnos la **z** escribiéndola en la pizarra o muestre una cartulina recortada en forma de **zeta** y escriba las vocales **a**, **o**, **u** en la pizarra. Después, anímelos a que digan cómo se pronuncia la **z** en combinación con cada una de estas vocales. Explíqueles que en español (salvo contadas excepciones) no existen las combinaciones **ze** y **zi**. A continuación, muéstreles una cartulina recortada en forma de **c** y anímelos a pronunciarla en combinación con las vocales **e**, **i**.

Reproduzca la pista 82 y pídales que repitan a coro las palabras que escuchen. Repita la audición las veces que estime oportuno.

Tenga en cuenta que en este audio se ha optado por una pronunciación interdental, sin seseo. Si lo considera apropiado, explique a los niños que en la mayor parte del mundo hispanohablante la **z** se pronuncia como una **s**. Encontrarán numerosos ejemplos en la dicción de la familia mexicana de Leo.

20. LEE Y MARCA LA LETRA Z

Anime a sus alumnos a observar las imágenes y a leer las palabras de manera individual. A continuación, pídales que, por turnos, vayan pronunciando las palabras en voz alta y haga las correcciones fonéticas que sean necesarias. Después, invítelos a leer de nuevo las palabras individualmente y a marcar la letra **z** en cada una de ellas.

Cuaderno de ejercicios
Actividad 19

21. CANTA Y JUEGA CON TU COMPAÑERO

Comente a sus estudiantes que van a aprender una canción con palabras que contienen la letra **z**. Pídales que la lean primero de manera individual y, después, anímelos a que hagan una repetición coral para que fijen la canción y trabajen la memoria.

A continuación, practique con los niños algún pequeño juego de manos para que acompañen la melodía y anímelos a cantar y a jugar al mismo tiempo.

CON LAS MANOS
Batido superrosa

Explique a sus alumnos que van a aprender a hacer juntos un batido de frutas como el del concurso de "minichef" de la escuela de Lola.

En una sesión anterior, pregunte a los padres si alguno de los niños tiene alergia a alguna fruta o a la proteína de la leche, es diabético o intolerante a la lactosa. Si todos los niños pueden tomar el batido, lleve los ingredientes necesarios y una batidora a la clase. En caso contrario, trabaje la receta con los niños para que la hagan en casa con las variaciones que los padres consideren oportunas y anímelos a hacer una foto para mostrarla en el aula en una sesión posterior.

Para preparar la actividad en clase, lea con sus estudiantes los ingredientes que necesitan para preparar el batido al mismo tiempo que va mostrándoselos para refrescar el vocabulario. Una vez preparadas las frutas, anime a sus alumnos a que miren las fotos para que vayan descubriendo el proceso que van a seguir. En el CUADERNO DE EJERCICIOS han trabajado con los verbos de la receta, por lo que no deberían presentar grandes dificultades de comprensión.

Realicen el proceso todos juntos, anime a sus estudiantes a participar lavando o pelando las frutas, pero recuerde ser usted quien manipula en todo momento la batidora para evitar cualquier peligro o accidente.

El objetivo de la doble página de entrada es activar los conocimientos previos de los estudiantes e introducir el tema de las mascotas y los animales domésticos a través de la ilustración y del audio que la acompaña.

ANTES DE...

Con el libro cerrado, reproduzca la pista 83. Después, pregunte a sus estudiantes dónde creen que están nuestros amigos en esta ocasión. Tenga en cuenta que existen varias respuestas plausibles, así que dé por válidas todas en este punto de la secuencia.

Propuesta de solución

Tienda de mascotas, zoo, granja

A continuación, anime a los alumnos a que, individualmente, dibujen uno de los animales que han escuchado. Recuerde que los niños aún no conocen el léxico relacionado con los animales, por lo que comenzar con un dibujo puede hacer que se sientan más tranquilos y motivados. Para terminar, haga una puesta en común de los dibujos de los estudiantes y anímelos a que muestren su trabajo.

ILUSTRACIÓN

Pida a los estudiantes que abran el manual por la página 58 y pregúnteles de nuevo dónde se desarrolla la acción. Para ayudarlos, dirija su atención hacia el título de la unidad (LA TIENDA DE MASCOTAS) y asegúrese de que todos comprenden el significado de la palabra **mascota**. Después, distribuya a los estudiantes por parejas, reproduzca de nuevo la pista 83 y pídales que señalen los animales que vayan escuchando.

Solución

- Gato
- Perro
- Loro
- Peces (agua, acuario)
- Rana

A continuación, remítalos al cartel de la pared izquierda de la ilustración ("Yo amo los animales"). Lea con ellos el nombre de los animales y, después, pregúnteles cuántos de cada especie hay en la tienda. Aproveche la ocasión para repasar la concordancia de número y recordarles *la serpiente del plural.*

Si lo estima oportuno, puede introducir las diferencias en la formación del plural: **-s** para **gatos**, **-es** para **ratones**, además de la variación ortográfica para **peces**.

Si desea hacer un trabajo de concordancia más profundo, pídales que, además del número, añadan de qué color son los animales. Así, incluirá también la concordancia de género.

Solución

- 4 conejos (1 blanco y 3 negros)
- 3 ranas (rojas)
- 16 peces (11 rojos y 5 azules)
- 2 gatos (1 marrón y blanco y 1 gris y negro)
- 3 loros (1 rojo y azul, 1 verde, 1 rojo)
- 2 perros (marrones y blancos)
- 1 tortuga (verde)
- 2 cobayas (blancas, negras y marrones)

A continuación, plantee a sus estudiantes las siguientes preguntas:

1. ¿Qué personas conocidas están en la tienda de mascotas?
2. ¿Qué animales miran Sara y su abuela?
3. ¿Qué animal está delante de Leo, encima de una pelota?

Solución

1. Leo, Carlos, Chavela y Sara
2. Unos conejos
3. Un perro

Si lo considera oportuno, proponga a sus estudiantes ampliar el vocabulario de la ilustración. Tenga preparados pósits pequeños, repártalos entre sus estudiantes y anímelos a observar de nuevo la imagen. A continuación, pídales que vayan pegando los pósits sobre los objetos que les gustaría poder decir en español. Pasee por la clase y vaya dando ese vocabulario.

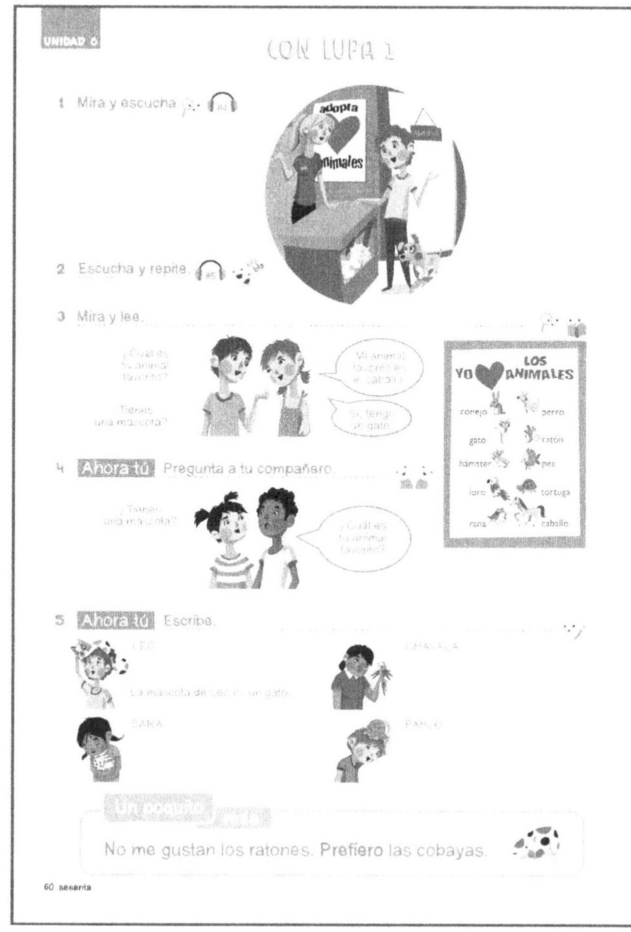

CON LUPA 1

El objetivo de esta sección es practicar el léxico relacionado con los animales y que los alumnos sean capaces de hablar de las mascotas.

1. MIRA Y ESCUCHA

Anime a sus alumnos a que se fijen en la imagen y pregúnteles: **¿Qué hace Leo?**; **¿Con quién habla?**; **¿Es su amiga o trabaja en la tienda?** Puede aprovechar la ocasión para refrescar con ellos las palabras **vendedor** y **cliente**, que ya conocen de la UNIDAD 1.

Solución

Leo habla con la vendedora de la tienda de animales.

Después, llame su atención sobre el cartel "Adopta animales" y escriba en la pizarra las palabras **comprar** y **adoptar**. Explíqueles que algunas personas compran animales en las tiendas de mascotas, pero hay otras que los adoptan en protectoras o cooperativas de animales. Asegúrese de que comprenden la diferencia y, por último, pregúnteles si conocen a alguien que haya adoptado un animal y de qué animal se trata. Si ningún niño puede aportar ejemplos, usted puede dar alguno.

Explique a continuación que Leo quiere adoptar una mascota y que por eso está en la tienda. Anime a sus alumnos a que traten de adivinar, a modo de juego, de qué mascota se trata. Para ello, organice la clase en pequeños grupos de tres o cuatro y anímelos a consultar el cartel de los animales de la página 60. A continuación, anote las respuestas de cada grupo en la pizarra y ponga la pista 84 para comprobarlo.

Solución
Leo quiere adoptar un caballo.

Para terminar, pida a sus estudiantes que, por parejas, señalen en el cartel el animal o animales que, según ellos, no son una mascota. Haga una pequeña puesta en común y, a continuación, dígales que Leo no puede adoptar un caballo. Anímelos a averiguar por qué. Reproduzca una vez más la pista 84 y, después, en grupo clase, compruebe sus respuestas.

Solución
Leo no puede adoptar un caballo porque no es una mascota.

Cuaderno de ejercicios
Actividad 3

2. ESCUCHA Y REPITE
Reproduzca la pista 85 y anímelos a ir repitiendo las frases. Si lo estima necesario, puede ir pausando el audio después de cada frase para dar un poco más de tiempo a los alumnos a reproducirlas. Puede pedirles que las repitan a coro o de manera individual (por turnos), dependiendo del número de estudiantes que haya en la clase o del nivel de ansiedad que les pueda generar repetir las frases uno por uno.

Si desea ampliar la actividad, explique a sus alumnos que van a escuchar de nuevo el audio y que tienen que ir numerando los animales de la imagen del cartel según el orden en el que se mencionan en la grabación. Asegúrese de que todos los estudiantes han entendido la dinámica y reproduzca la pista 85.

Después, anímelos a que comprueben sus respuestas con las de su compañero o haga la puesta en común con la dinámica de la pelota: diga el primer animal que menciona la dependienta y lance la pelota a uno de los alumnos, que deberá decir el siguiente y así sucesivamente. Tenga en cuenta que en el audio se menciona **cobaya**, pero no está reflejada en el cartel. Para ver qué es una cobaya, remítalos a la página 58, a la sección UN POQUITO MÁS o al GLOSARIO de la UNIDAD 6 del CUADERNO DE EJERCICIOS en la página 59.

Solución
1. gato
2. perro
3. loro
4. hámster
5. pez
6. ratón
7. conejo
8. rana
9. cobaya

3. MIRA Y LEE
Escriba en la pizarra **¿Qué animal te gusta más?** Y dirija la pregunta a uno de sus estudiantes. Anote su respuesta en la pizarra y repita la misma dinámica con todos. Después, añada un animal que le gusta a usted y escriba **Mi animal favorito es el perro** (formule el ejemplo con el animal que ha dicho que le gusta); dibuje un corazón que rodee la palabra **perro**. Anime a sus estudiantes a repetir la frase uno por uno con el animal que han elegido.

Después, remita a los alumnos al diálogo de la actividad. Tenga en cuenta que esta actividad está pensada como espacio personal de reflexión para el estudiante. Anímelos a que lean el diálogo de manera individual y a que lo escriban en su cuaderno en español y en su propia lengua. Pasee por la clase, resuelva todas las dudas que puedan ir surgiendo y asegúrese de que todos sus alumnos comprenden el diálogo.

4. AHORA TÚ. PREGUNTA A TU COMPAÑERO
Para preparar esta actividad, escriba en la pizarra **¿Tienes una mascota?** Y escriba dos respuestas: **Sí, tengo un gato / No, no tengo mascota**. Asegúrese de que sus estudiantes comprenden el significado.

Para afianzar un poco más la comprensión, puede preguntar: **¿Lola tiene una mascota?** La respuesta esperable sería **Sí, tiene un perro**. Pregunte: **¿Cómo se llama la mascota de Lola?** Y espere la respuesta. Puede repetir la misma dinámica preguntando por la mascota de Leo.

Solución
- La mascota de Lola es un perro. Se llama Piñata.
- La mascota de Leo es un gato. Se llama Jaleo.

A continuación, pida a los alumnos que lean los ejemplos del libro para repasar las preguntas y, después, organice la clase en grupos de cuatro o cinco. Reparta a cada uno la FICHA FOTOCOPIABLE 13.A. Léanla en clase abierta y explique a sus estudiantes que tienen que formular las preguntas a todos sus compañeros del grupo y anotar las respuestas.

Si cree que sus alumnos están preparados, entrégueles la FICHA FOTOCOPIABLE 13.B en lugar de la 13.A. En ella encontrarán una columna extra para anotar el nombre de la mascota de sus compañeros. Para ello, es necesario que formulen la pregunta adecuada: **¿Cómo se llama tu mascota?** Escriba la pregunta en la pizarra y pasee por la clase mientras los estudiantes realizan la actividad; escuche sus respuestas y resuelva las dudas que puedan surgir.

Cuaderno de ejercicios
Actividades 5 y 6

5. AHORA TÚ. ESCRIBE

Explique a sus alumnos que van a completar las frases de la actividad siguiendo el modelo del libro. Lea con ellos el ejemplo y anímelos a completar el resto de la actividad de forma escrita. Después, pídales que comprueben sus respuestas con las de su compañero. Acepte diferentes opciones en la corrección.

Solución

- La mascota de Sara es un conejo.
- La mascota de Chavela es un loro.
- La mascota de Pablo es una tortuga.

Propuesta de solución para estudiantes avanzados

- A Sara le gusta este conejo / le gustan los conejos.
- Chavela tiene un loro azul y rojo.
- La tortuga de Pablo es verde.

Cuaderno de ejercicios
Actividad 2

UN POQUITO MÁS

En este apartado, los alumnos aprenderán a expresar sus preferencias relacionadas con las mascotas. Comience por repasar con ellos el plural de los sustantivos y aproveche para recordarles la formación del plural de las palabras **ratones** y **peces**. Utilice para ello la FICHA FOTOCOPIABLE 14.

Solución de la FICHA FOTOCOPIABLE 14

1. Me gustan mucho los loros.
2. No me gustan las ranas.
3. A Leo le gustan mucho los caballos.
4. Me encantan los peces.
5. ¿Te gustan los hámsters?
6. A Sara le gustan mucho los conejos.
7. Me gustan mucho los gatos, pero prefiero los perros.
8. Lola, ¿te gustan las tortugas?
9. No me gustan los ratones. ¿Y a ti?

Después de trabajar el contenido de la FICHA, escriba en la pizarra **¿Te gustan los loros?** Y escriba al lado **Sí, me gustan mucho / No, no me gustan los loros. Prefiero las tortugas**. Asegúrese de que comprenden el significado de las frases y lleve a cabo la siguiente dinámica en grupo clase. Por turnos, cada estudiante preguntará a otro: **¿Te gustan...?,** y este tendrá que responderle **sí** o **no**. Si responde **no**, tendrá que especificar su respuesta: **No me gustan los... Prefiero los...**

Para ampliar la sección CON LUPA 1, entregue a sus alumnos la FICHA FOTOCOPIABLE 15 para que dibujen el animal que más les guste o a su propia mascota. Esta tarea podrá recuperarse a lo largo de la unidad para practicar la descripción de los animales. Una vez hecho el dibujo, anime a sus estudiantes a que escriban el nombre del animal que han reproducido y a que lo presenten al resto de la clase.

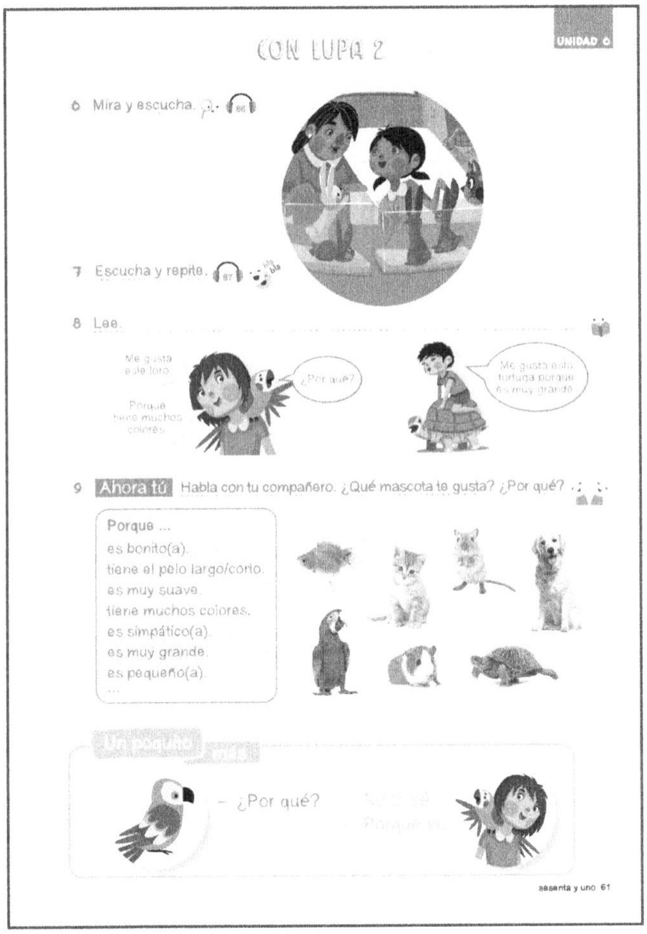

CON LUPA 2

UNIDAD 6

6 Mira y escucha.

7 Escucha y repite.

8 Lee.

Me gusta este loro.

¿Por qué?

Porque tiene muchos colores.

Me gusta esta tortuga porque es muy grande.

9 Ahora tú Habla con tu compañero. ¿Qué mascota te gusta? ¿Por qué?

Porque ...
es bonito(a).
tiene el pelo largo/corto.
es muy suave.
tiene muchos colores.
es simpático(a).
es muy grande.
es pequeño(a).
...

– ¿Por qué?

sesenta y uno 61

CON LUPA 2

El objetivo de esta sección es que los estudiantes aprendan a describir los animales, a expresar y a argumentar sus preferencias.

6. MIRA Y ESCUCHA

Dirija la atención de sus alumnos hacia la imagen de Sara y Chavela y pregúnteles qué animales ven en la imagen y cuántos hay de cada tipo.

Solución
- 4 conejos
- 1 gato
- 1 tortuga

Después, dirija su atención a los conejos y continúe preguntando: **¿Son todos del mismo color?**; **¿Os gustan más los conejos negros o el blanco?**

Solución
No, hay tres conejos negros y uno blanco.

Luego, explique a sus estudiantes que Sara y Chavela también están hablando de otros animales que no se ven en la imagen. Explíqueles que van a escuchar un audio y que tienen que identificar el nombre de los animales. Reproduzca la pista 86 y haga la comprobación en grupo clase.

Solución
- Tortuga
- Conejo
- Hámster

7. ESCUCHA Y REPITE

Reproduzca la pista 87 y anímelos a ir repitiendo las frases. Si lo estima necesario, puede ir pausando el audio después de cada frase para dar un poco más de tiempo a los alumnos a reproducirlas. Puede pedirles que las repitan a coro o de manera individual (por turnos), dependiendo del número de estudiantes que haya en la clase o del nivel de ansiedad que les pueda generar repetir las frases uno por uno.

Si desea ampliar la actividad, escriba en la pizarra los siguientes términos: **bonita**, **pequeño**, **suave**, **ojos grandes**, **pelo negro**. Aclare el significado si hay algún término que los estudiantes no conocen y escriba al lado los tres animales de los que hablan Chavela y Sara en la actividad anterior: **tortuga**, **conejo**, **hámster**.

Anímelos a combinar las palabras con los animales, dirigiendo sobre todo su atención al masculino y al femenino de los nombres y adjetivos para facilitarles la tarea (por ejemplo: **tortuga bonita**). Organice a los estudiantes por parejas, pídales que escriban sus combinaciones y anímelos a que escriban las frases completas: **La tortuga es bonita**.

Después, explíqueles que van a escuchar de nuevo el audio y que tienen que comprobar si sus combinaciones coinciden con las de Sara y su abuela. Reproduzca la pista 87 y comparen las respuestas todos juntos.

Solución
- La tortuga es bonita.
- El conejo tiene los ojos grandes y el pelo negro.
- El hámster es suave y pequeño.

8. LEE

Remita a los alumnos a los diálogos de la actividad y pregúnteles qué dos animales aparecen con los niños. Después, pregunte: **¿Dónde está el niño?**

Solución
- La niña está con un loro y el niño con una tortuga.
- El niño está **encima de** la tortuga.

Una vez presentada la actividad, tenga en cuenta que esta dinámica está pensada como espacio personal de reflexión para el estudiante. Anímelos a que lean el texto de manera individual y a que lo escriban en su cuaderno en en español y en su propia lengua. Pasee por la clase, resuelva todas las dudas que puedan ir surgiendo y asegúrese de que todos sus alumnos comprenden los diálogos.

9. AHORA TÚ. HABLA CON TU COMPAÑERO. ¿QUÉ MASCOTA TE GUSTA? ¿POR QUÉ?

Lleve a clase la foto de un animal y pregunte a sus alumnos: **¿Os gusta este gato?** Espere su respuesta y después escriba en el pizarra **¿Por qué?** Escuche sus respuestas, que probablemente expresarán en su propia lengua, aunque lo esperable sería que aportaran algunas ideas en español que ya se han trabajado en las actividades anteriores.

Propuesta de solución

- Porque es bonito/a.
- Porque tiene los ojos grandes.
- Porque tiene el pelo...
- Porque es suave, pequeño/a, grande.
- Porque tiene muchos colores.

Luego, dirija su atención al cuadro de la actividad, trabaje con ellos el resto de vocabulario y asegúrese de que comprenden el significado. Después, anímelos a leer el cuadro UN POQUITO MÁS. Comente las respuestas (**No lo sé**, **porque sí**) y explique a sus alumnos que, a veces, no sabemos explicar por qué nos gusta algo. Es importante que conozcan este tipo de respuestas por varias razones: la lengua que sus estudiantes manejan a estas alturas es limitada y siempre es preferible que tengan recursos lingüísticos a su alcance a que no puedan responder de ninguna manera. Eso afianzará su seguridad en la producción oral. Por otro lado, no siempre se tienen argumentos claros o sólidos para argumentar según qué cosas y, además, **no lo sé** y **porque sí** son respuestas comunes en español.

Después, dirija su atención de nuevo a la actividad 9 y hagan un repaso de los nombres de los animales en clase abierta.

Solución

Un pez, un gato, un ratón, un perro, un loro, un hámster, una tortuga.

Una vez sentadas las bases de la actividad, trabaje, en primer lugar, la descripción de los animales y la argumentación de los propios gustos de forma controlada. Para ello, lleve al aula recortadas las tarjetas de la FICHA FOTOCOPIABLE 16. En las tarjetas de color gris encontrarán **Me gusta** / **Me gustan** + un animal, mientras que en las tarjetas de color blanco estarán escritas las razones: **porque** + una descripción. Organice la clase por parejas y entregue a cada una un juego de tarjetas desordenadas. Anímelos a leerlas, a organizarlas por colores y, después, pídales que vayan formando frases, prestando atención tanto al significado como a la concordancia de género y número. Cuando todas las parejas hayan terminado, haga la comprobación en grupo clase, pero tenga en cuenta que hay varias soluciones posibles en la formación de las frases.

Propuesta de solución

- Me gustan las ranas porque son pequeñas y verdes.
- Me gusta esta tortuga porque es muy bonita.
- Me gustan estos peces porque son grandes / porque tienen muchos colores / porque son muy simpáticos.
- Me gustan los perros porque son grandes / porque son muy simpáticos.
- Me gustan los caballos porque son grandes / porque son muy simpáticos.
- Me gusta este gato porque es pequeño y suave / porque tiene el pelo largo.
- Me gusta este loro porque es verde y rojo.
- Me gusta este hámster porque es pequeño y suave / porque tiene el pelo largo.

Dependiendo del número de estudiantes que tenga y de su nivel de lengua, puede llevar a cabo esta dinámica de otra manera. Seleccione el número de tarjetas adecuado en función del número de alumnos que haya en el grupo, teniendo en cuenta siempre que todas las parejas de tarjetas tienen que estar completas. Entregue a cada estudiante una única tarjeta y anímelos a ponerse de pie e intentar encontrar a su pareja. Si un alumno recibe la tarjeta **Me gustan las ranas**, deberá moverse por la clase pronunciando su frase hasta que encuentre a un alumno que tenga una tarjeta adecuada, por ejemplo, **porque son pequeñas y verdes**. Si el grupo es impar, participe usted también en la actividad.

Cuaderno de ejercicios
Actividad 4

UN POQUITO MÁS

Puesto que ya se ha trabajado el contenido de este apartado a lo largo de la actividad 9, aproveche la ocasión para llamar la atención de sus estudiantes sobre la forma de escribir la partícula interrogativa **¿Por qué...?** y la forma afirmativa **Porque**... Escriba varios ejemplos en la pizarra y practique con ellos la entonación.

Para terminar la sección CON LUPA 2, y si optó por realizar la dinámica propuesta en la FICHA FOTOCOPIABLE 15, pida a sus alumnos que continúen completándola con nueva información, en este caso, añadiendo las razones por las que les gusta el animal que han dibujado. Después, anime a sus estudiantes a que lo presenten al resto de la clase.

CON LUPA 3

El objetivo de esta sección es practicar el léxico relacionado con las partes de los animales y completar las descripciones trabajadas en el bloque anterior.

10. MIRA Y ESCUCHA

Pida a sus alumnos que se fijen en la imagen y pregúnteles a qué personaje reconocen. La respuesta esperable es que conocen a Carlos, el papá de Leo. Después, pregúnteles quién creen que es el niño.

Solución
Es un amigo de Leo.

A continuación, fije la atención de sus alumnos en los ojos del niño, que está mirando algo que no se ve en la imagen. Remita a sus estudiantes a la página 58 y pregúnteles: **¿Qué mira el amigo de Leo?**

Solución
Mira los loros.

Después, escriba **loro** y **papagayo** en la pizarra. Muéstreles una foto de un papagayo y comente con ellos que ambos animales son muy similares, pero que tienen una diferencia. Coménteles que van a escuchar un audio para averiguar cuál es. Reproduzca la pista 88 y, después, haga la comprobación en clase abierta.

Solución
Un loro es un papagayo más pequeño.

A continuación, pegue en la pizarra o en las paredes del aula tres carteles con las palabras **comer**, **beber**, **vivir**. Después, escriba en la pizarra la palabra **semillas** y remítalos a la página 59 del GLOSARIO del CUADERNO DE EJERCICIOS para ayudarlos a comprender el significado de la palabra. A continuación, vuelva a señalar los carteles que ha pegado en el aula con los tres verbos y pregúnteles con qué cartel relacionarían la palabra **semillas**.

Solución
La palabra **semillas** se relaciona con el cartel en el que está escrito **comer** (comer semillas).

Luego, muéstreles varios papeles en los que usted tendrá escritas algunas palabras o expresiones. Pídales que, por turnos, se levanten y vayan pegando los papeles junto al verbo adecuado (**comer**, **beber**, **vivir**). Si lo considera oportuno, puede introducir el elemento de competición para el desarrollo de la actividad en lugar de pedirles que los coloquen por turnos. Organice la clase por grupos y reparta a cada uno los mismos papeles, pero de diferentes colores para identificarlos con facilidad. Gana el equipo que antes termine de completar los carteles. A continuación le ofrecemos una propuesta de palabras o expresiones:

- Leche
- Fruta
- En una casa
- Queso
- Un refresco
- En el zoo
- Un zumo de naranja
- Atún
- En México

Después, explique a sus alumnos que van a volver a escuchar al amigo y al papá de Leo hablando sobre los loros y que tienen que anotar **qué comen**, **qué beben** y **dónde viven**. Reproduzca la pista 88 y, después, haga la comprobación en clase abierta.

Solución
Los loros comen frutas y semillas, beben agua y viven en una casa para loros.

11. ESCUCHA Y REPITE

Reproduzca la pista 89 y anímelos a ir repitiendo las frases. Si lo estima necesario, puede ir pausando el audio después de cada frase para dar un poco más de tiempo a los alumnos a reproducirlas. Puede pedirles que las repitan a coro o de manera individual (por turnos), dependiendo del número de estudiantes que haya en la clase o del nivel de ansiedad que les pueda generar repetir las frases uno por uno.

12. MIRA Y LEE. "EL LIBRO DE LOS ANIMALES"

Para preparar esta actividad atendiendo al estilo de aprendizaje de los niños más cinestésicos, en la sesión anterior puede pedir a sus estudiantes que lleven al aula un animal de juguete, por ejemplo, un peluche. Lleve usted también alguno y utilícelo para presentar el vocabulario de las partes de los animales. Es recomendable que lleve un animal que tenga las mismas partes que un perro (no elija un pez, por ejemplo), ya que, de esta manera, presentará el mismo léxico que el de la actividad y no adelantará acontecimientos.

Para presentar el vocabulario, vaya señalando una por una las partes del animal que tiene en sus manos y escriba al mismo tiempo las palabras en la pizarra. Una vez presentadas las partes de su animal, haga una ronda de comprobación señalando de nuevo las partes y esperando a que, en este caso, le respondan los estudiantes con la palabra adecuada.

Remita después a sus alumnos al apartado UN POQUITO MÁS y presente el nuevo vocabulario. Después, anímelos a que, por parejas o grupos de tres, cada alumno vaya nombrando al resto de sus compañeros las partes del animal que ha traído a clase. Los alumnos que escuchan, a su vez, si su animal no tiene alguna de esas partes, lo tendrán que ir indicando: **Mi animal no tiene patas porque es un pez**. Haga una ronda previa de comprobación en clase abierta.

Para terminar, remita de nuevo a sus estudiantes a la actividad y anímelos a leer las páginas en las que se describen las costumbres y hábitos de los san bernardos y de los loros. Si lo cree oportuno, puede decirles que se trata de *El libro de los animales*.

Tenga en cuenta que esta parte de la actividad está pensada como espacio personal de reflexión para el estudiante. Anímelos a que lean las descripciones de manera individual y a que las escriban en su cuaderno en su propia lengua. Pasee por la clase, resuelva las dudas que surjan y asegúrese de que todos sus alumnos comprenden los textos.

Cuaderno de ejercicios
Actividades 7 y 8

13. AHORA TÚ. JUEGA CON TU COMPAÑERO. ¿QUÉ ANIMAL ES?

Se recomienda realizar esta actividad por parejas o en pequeños grupos de cuatro o cinco estudiantes. Prepare pósits con nombres de animales, reparta uno a cada alumno y pídales que se lo peguen en la frente sin mirar de qué animal se trata. Insista varias veces en que no pueden mirar el animal que les ha sido adjudicado.

A continuación, explíqueles que, por turnos, tienen que ir haciendo preguntas a sus compañeros hasta descubrir qué animal les ha tocado. Las preguntas deben ser cerradas, es decir, sus compañeros solo podrán responder **sí** o **no**. Antes de comenzar la dinámica, lea con ellos el ejemplo de la actividad y asegúrese de que comprenden perfectamente su funcionamiento.

14. ESCUCHA, LEE Y CANTA. *LA FIESTA DE LOS ANIMALES*

Antes de escuchar la canción, pregunte a sus estudiantes qué sonido hacen los perros, los gatos y los peces. Tenga en cuenta que esto puede variar según el idioma. Explíqueles que, en español, los perros hacen **guau** y los gatos, **miau**; como los peces no hacen ningún sonido, en español normalmente imitamos el de las burbujas del agua: **glu**. Haga una ronda de comprobación con sus estudiantes: vaya diciendo uno por uno los tres animales y espere a que ellos respondan con el sonido adecuado.

A continuación, pida a sus alumnos que lean la canción y que subrayen todos los animales que se nombran.

Solución
Perro, gato, loro, pez.

Después, reproduzca la pista 90 y anime a sus estudiantes a que participen con los sonidos que hacen los animales. En una segunda escucha, proponga a sus alumnos incorporar gestos y movimientos en distintos puntos de la canción. Decídanlo entre todos y anímelos a levantarse y a bailar, favoreciendo, de esta manera, el movimiento físico en el aula. Reproduzca de nuevo la pista 90.

Si lo considera oportuno, puede optar por organizar la clase por grupos y asignar a cada uno parte de los movimientos que han decidido incorporar, a modo de coreografía coordinada. Si cree que puede aumentar la motivación de sus estudiantes, grabe la actuación en vídeo y, después, proyéctela para verla todos juntos en clase.

UN POQUITO MÁS

Para presentar el léxico de las partes de los animales, se recomienda presentar el vocabulario de esta sección a lo largo de la actividad 12.

Cuaderno de ejercicios
Actividades 9, 10 y 12

Antes de realizar la actividad 12 del CUADERNO DE EJERCICIOS, en la página 48, tenga en cuenta que el ejemplo que se ofrece con el verbo **tener** (**Este gato tiene la cola muy larga**) no es aplicable a todo el ejercicio. Para realizar la actividad, los estudiantes tendrán que utilizar otras estructuras que ya conocen con los verbos **haber** o **ser**, por ejemplo: **Hay una cobaya / Hay dos cobayas**; **El conejo es blanco**, etc. Por lo tanto, es recomendable que, antes de comenzar el ejercicio, haga un pequeño repaso en clase abierta de las diferentes estructuras que van a necesitar.

MIS PALABRAS

UNIDAD 6

15 Recorta, juega con tu compañero y escribe.

1 2 3 4 5

6 7 8 9 10

A. El número 1 es un gato

B. Gracias. El número 2 es un pez

16 Mira y escribe cuántos animales hay.

Perros:
Gatos:
Ranas:

Conejos:
Ratones:
Peces:

Cobayas:
Loros:
Caballos:

17 Lee y escribe un texto sobre tu mascota o animal favorito.

Mi mascota es un gato y se llama Jaleo.
Tiene 5 años y es pequeño y suave.
Tiene cuatro patas, ojos verdes, el pelo blanco, negro y marrón y una cola muy larga.
Me gusta mi gato porque es muy bonito y simpático.
Jaleo vive en mi casa, come mucho y bebe agua y leche.

sesenta y tres 63

MIS PALABRAS

Esta sección tiene como objetivo principal recoger y practicar todo el contenido léxico de la unidad para trabajarlo de manera focalizada y significativa.

15. RECORTA, JUEGA CON TU COMPAÑERO Y ESCRIBE

Organice la clase por parejas y adjudique a cada uno de los estudiantes una letra (A o B) . Después, remítalos a la página 79 y pídales que recorten su ficha correspondiente (A o B). La tarea consiste en que los alumnos completen, por turnos, el vacío de información de su ficha con la ayuda de su compañero.

Anímelos a leer en clase abierta el ejemplo de la actividad y asegúrese de que comprenden en qué consiste la dinámica. Dependiendo del nivel de los estudiantes de su clase, puede realizar la actividad con el libro abierto por la página 63 o puede pedirles que la hagan con el libro cerrado.

Si los estudiantes tienen problemas para escribir correctamente el nombre de los animales, anímelos a que deletreen la palabra a su compañero. Una vez realizada la actividad, pídales que abran los libros (en el caso de haberla hecho con el libro cerrado) y que comprueben el listado o haga una puesta en común en clase abierta.

Solución

1. gato
2. pez
3. tortuga
4. caballo
5. conejo
6. loro
7. perro
8. rana
9. hámster
10. cobaya

16. MIRA Y ESCRIBE CUÁNTOS ANIMALES HAY

Anime a sus alumnos a observar la imagen de la actividad y explíqueles que todos los animales de la tienda de mascotas se han escapado y están todos juntos y mezclados. Organice la clase por parejas, pídales que cuenten cuántos animales hay de cada especie y anímelos a que anoten los resultados.

Si prefiere plantear esta actividad de manera más lúdica, puede organizar a los alumnos por equipos, a modo de competición. Para ello, entregue nueve papeles por equipo, cada papel con el nombre de uno de los animales que aparece en la imagen. Explíqueles que tienen que contar los animales en el dibujo y escribir en cada papel el número de esa especie. El tiempo lo puede marcar, por ejemplo, con un reloj de arena.

Para la corrección, cuando usted diga **perros**, un representante de cada equipo deberá levantar el papel y decir su respuesta. El grupo (o grupos) que acierte la respuesta conseguirá un punto. Repita la misma dinámica con cada animal hasta haber comprobado todas las respuestas y vaya anotando los puntos de cada grupo en la pizarra. Gana el grupo que consiga más puntos.

Solución

• Perros: 5	• Conejos: 2	• Cobayas: 7
• Gatos: 3	• Ratones: 4	• Loros: 8
• Ranas: 9	• Peces: 10	• Caballos: 6

Cuaderno de ejercicios
Actividad 1

17. LEE Y ESCRIBE UN TEXTO SOBRE TU MASCOTA O ANIMAL FAVORITO

Esta actividad está planteada como práctica general de todo lo que los estudiantes han aprendido a lo largo de la unidad. Explique a sus alumnos que van a escribir un texto sobre su mascota o animal favorito. Remítalos al modelo de la actividad, lea con ellos el texto y asegúrese de que comprenden el contenido. Después, escriba en la pizarra las siguientes pautas para la composición:

- ¿Cuál es tu mascota o animal favorito?
- ¿Cómo se llama?
- ¿Cuántos años tiene tu mascota?
- ¿Cómo es?
- ¿Por qué te gusta?
- ¿Dónde vive?
- ¿Qué come?
- ¿Qué bebe?

Para llevar a cabo esta actividad, puede pedirles que directamente escriban el texto en su cuaderno o, si ha optado por la realización de las actividades extras propuestas en la FICHA FOTOCOPIABLE 15, aproveche el trabajo realizado hasta el momento por sus estudiantes y anímelos a incorporar el nuevo contenido a su ficha con un texto similar al que aparece en el ejemplo.

Para terminar, plantee una breve exposición en clase abierta y cuelgue los trabajos en las paredes del aula para crear "La galería de los animales de la clase".

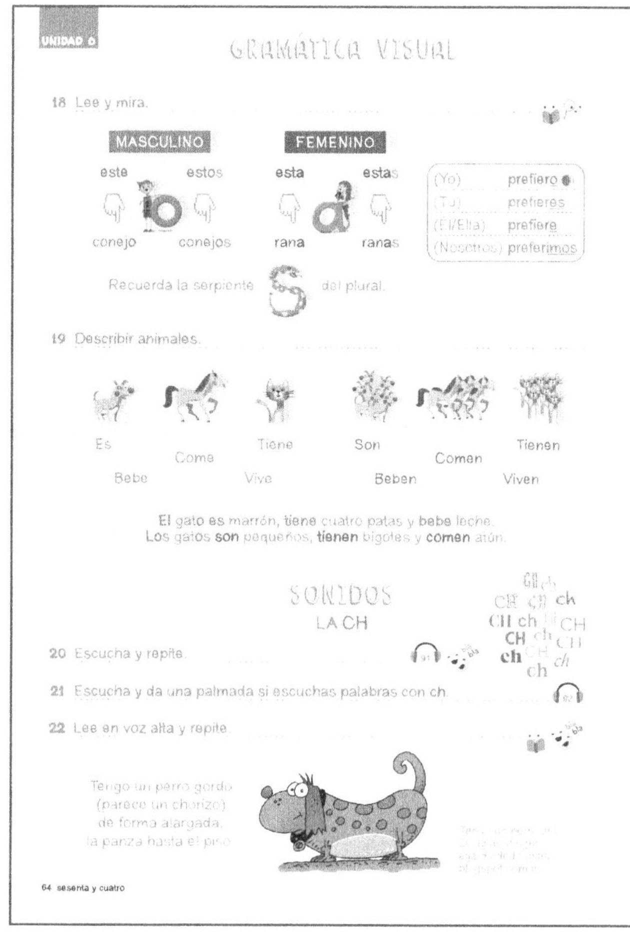
UNIDAD 6

GRAMÁTICA VISUAL

18 Lee y mira.

MASCULINO: este / estos — conejo / conejos

FEMENINO: esta / estas — rana / ranas

(Yo)	prefiero
(Tú)	prefieres
(Él/Ella)	prefiere
(Nosotros)	preferimos

Recuerda la serpiente S del plural.

19 Describir animales.

Es, Come, Bebe, Tiene, Vive — Son, Comen, Beben, Tienen, Viven

El gato es marrón, tiene cuatro patas y bebe leche.
Los gatos son pequeños, tienen bigotes y comen atún.

SONIDOS

LA CH

20 Escucha y repite.

21 Escucha y da una palmada si escuchas palabras con ch.

22 Lee en voz alta y repite.

Tengo un perro gordo
(parece un chorizo)
de forma alargada,
la panza hasta el piso

64 sesenta y cuatro

GRAMÁTICA VISUAL

Esta sección tiene como objetivo principal la asimilación y práctica del contenido gramatical de la unidad. Tenga en cuenta el código de colores establecido para favorecer la fijación de los contenidos gramaticales y recuerde que dispone de la sección de GRAMÁTICA VISUAL en un PDF descargable e imprimible en **campus.difusion.com**.

18. LEE Y MIRA

Demostrativos

Para presentar **este**, **esta**, **estos**, **estas**, muestre a sus estudiantes las imágenes de dos perros bastante diferentes y pregunte a uno de sus alumnos: **¿Te gusta más este perro o este perro?** Marque claramente, a través de la pronunciación, el término **este** y señale cada imagen con el dedo al mismo tiempo para fortalecer el concepto del pronombre demostrativo.

Después, pegue en la pizarra cuatro carteles con los cuatro pronombres escritos: **este**, **esta**, **estos**, **estas**. Tenga preparadas algunas imágenes de animales (un loro, una rana, varios conejos, varias tortugas, etc.) y pida a sus estudiantes que, por turnos, vayan colocando cada imagen junto al cartel adecuado.

Después, remítalos a la tabla de la actividad para leer los ejemplos y recordarles, mediante los códigos de color, el uso del masculino, el femenino y *la serpiente del plural*.

A continuación, tenga preparados dos matamoscas a los

A continuación, tenga preparados dos matamoscas a los que habrá incorporado un adhesivo de velcro. Coloque cuatro tarjetas con las palabras **este**, **esta**, **estos**, **estas** escritas con su correspondiente código de color y también con adhesivos de velcro incorporados. Una vez preparado todo el material, realice un juego por equipos: los estudiantes se colocarán en dos filas y los primeros de cada grupo serán los encargados de participar en la primera ronda. Enseñe una tarjeta con la imagen de **un ratón**. Los alumnos deberán "cazar" con su matamoscas la tarjeta adecuada y decir en voz alta: **Este ratón**. El niño que lo haga más rápido y de manera acertada gana un punto para su equipo y el turno pasa a los siguientes estudiantes de la fila.

Cuaderno de ejercicios
Actividad 11

<u>Verbo preferir</u>
Para trabajar el verbo **preferir**, organice a sus alumnos en grupos de tres. En el suelo habrá colocados para cada grupo tres números (1, 2, 3), sobre los que se colocarán los estudiantes. El participante situado en el número uno empezará diciendo una frase del tipo **Me gustan los perros, pero prefiero los ratones**. El participante número dos lo repetirá usando la segunda persona: **Te gustan los perros, pero prefieres los ratones**. Finalmente, el tercer estudiante dirá en tercera persona: **Le gustan los perros, pero prefiere los ratones**. Una vez finalizada esta ronda, los alumnos deben cambiar de posición y saltar a otro número. Se repetirá la dinámica tres veces, de manera que cada uno pueda formular una oración en primera persona, otra en segunda y otra en tercera del singular. Si lo considera oportuno, incorpore alguna penalización divertida si alguno de los alumnos se equivoca. Por último, pida a cada grupo que elija un animal que les guste a todos y que hagan juntos una frase: **Nos gustan los peces, pero preferimos los gatos**.

19. DESCRIBIR ANIMALES

Pida a sus estudiantes que se fijen en los dos cuadros superiores de la actividad y pregúnteles: **¿Cuántos animales hay en el primer cuadro?** Espere sus respuestas y, a continuación, pregúnteles: **¿Cuántos hay en el segundo?** Escriba sus respuestas en la pizarra.

Solución
- En el primer cuadro hay 3 animales: 1 perro, 1 caballo y 1 gato.
- En el segundo cuadro hay 14 animales: 5 perros, 3 caballos y 6 gatos.

Después, fije su atención en los verbos y explíqueles que en el primer cuadro los verbos están en singular porque solo hay un animal de cada especie y que, en el segundo, los verbos están en plural porque hay varios animales de cada. Aproveche la ocasión para recordar *la serpiente del plural* de **perros**, **caballos** y **gatos** y marque la **n** propia de los verbos de la tercera persona del plural: **beben**, **comen**, **viven** y **tienen** en comparación con la tercera persona del singular, que no lleva **n**. Después, llame su atención también sobre la diferencia entre **es** (singular) y **son** (plural).

A continuación, lea con sus estudiantes los dos ejemplos que acompañan a estos cuadros y anímelos a que, en parejas, formen frases como las del modelo con **perro/perros**, **caballo/caballos**. Para terminar, haga una puesta en común en clase abierta.

Cuaderno de ejercicios
Actividades 13 y 14

SONIDOS

Esta sección tiene como objetivo principal familiarizarse con la pronunciación y la escritura del dígrafo **ch**.

20. ESCUCHA Y REPITE

Presente a sus alumnos el dígrafo **ch** escribiéndolo en la pizarra, o muestre una cartulina recortada con la forma de ambas letras, y anímelos a que digan cómo se pronuncia la **ch** con cada una de las vocales. A continuación, reproduzca el comienzo de la pista 91 para que escuchen, repitan y comprueben sus respuestas. Después, pídales que piensen en palabras que tienen este sonido y vaya anotando las ideas en la pizarra. Si en un principio sus estudiantes no dicen ninguna palabra, muéstreles algunas imágenes para ayudarlos en la lluvia de ideas (**ocho**, **mochila**...). Después, reproduzca el resto de la pista 91 y anímelos a que vayan repitiendo las palabras a coro.

21. ESCUCHA Y DA UNA PALMADA SI ESCUCHAS PALABRAS CON CH

Explique a sus alumnos que van a escuchar una serie de palabras, pero que no todas contienen el sonido **ch**. Dígales que, cuando escuchen una palabra que sí lo tiene, deben dar una palmada. Si quiere realizar un trabajo más profundo, puede repartir a cada alumno una tarjeta con la sílaba **cha**, **che**, **chi** o **cho** (no se da ninguna palabra que contenga la sílaba **chu**). Los niños deberán dar una palmada solo cuando escuchen una palabra con la sílaba que les ha sido asignada.

Solución
- Palabras con **ch**: chocolate, peluche, ocho, noche, salchicha, ducha, cachorro, muchos.
- Palabras sin **ch**: casa, rojo, comen, caramelo, carta, conejo.

Cuaderno de ejercicios
Actividades 15 y 16

22. LEE EN VOZ ALTA Y REPITE

Pida a sus alumnos que miren la imagen y pregúnteles a qué creen que se parece o a qué les recuerda. Dé por válidas todas las ideas que vayan surgiendo. Si algún estudiante dice que parece una **salchicha** (pues difícilmente conocerán la palabra **chorizo**), puede explicarles que alguien más ha pensado lo mismo sobre su perro y ha escrito un pequeño texto. Primero, puede leerlo usted despacio y gesticulando cuando pronuncie **gordo**, **alargada**, **panza** y **piso** para ayudar a los alumnos a comprender mejor el significado de las palabras. Después, anímelos a leerlo en voz alta mientras realizan la mímica correspondiente. Puede aumentar la velocidad progresivamente para hacer la actividad más desafiante y motivadora al mismo tiempo.

Para terminar, anímelos a escribir un pequeño texto divertido sobre su mascota o su animal favorito. Puede pedirles que hagan este trabajo en casa, a modo de deberes, o por parejas o pequeños grupos, lo que, sin duda, aumentará el componente lúdico de la actividad. Al finalizar, lean en clase abierta el resultado.

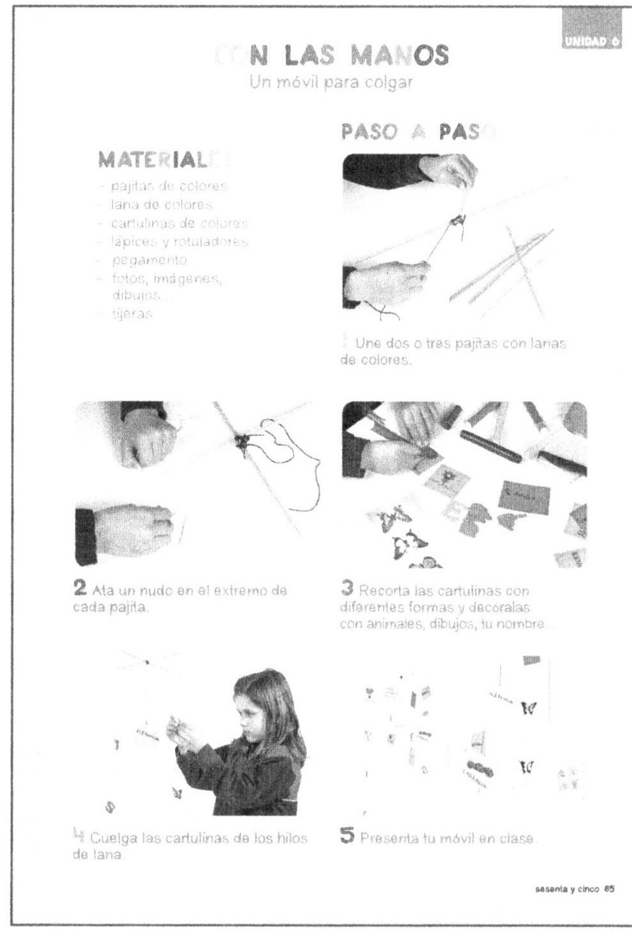

CON LAS MANOS
Un móvil para colgar

Explique a sus estudiantes que van a realizar un móvil personalizado para colgar. Es recomendable que usted prepare su propio móvil previamente y lleve el resultado al aula a modo de ejemplo.

En una sesión anterior, recuerde pedir a los alumnos que lleven a clase todo el material necesario para la realización de la actividad.

Para la preparación de los materiales, lea con sus estudiantes la lista de lo que van a necesitar para la elaboración del móvil y resuelva las dudas de vocabulario que puedan surgir. Para ello, puede ayudarse de la secuencia de imágenes que acompañan el desarrollo de la manualidad.

Una vez preparado el material, anime a sus alumnos a que miren las fotos para que vayan descubriendo el proceso que van a seguir. Durante la realización de la actividad, pasee por la clase y ayude a sus estudiantes en lo que necesiten. Anímelos a ser creativos y a decorar su móvil con los elementos, las palabras, los colores y los objetos que más les hayan gustado de *Lola y Leo 1*.

Alimentos del mundo

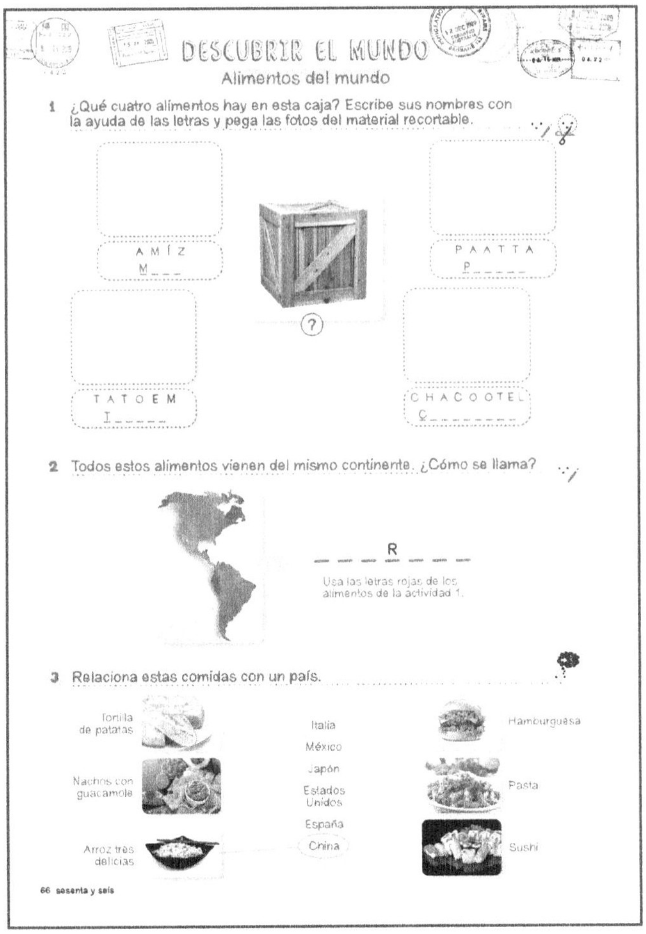
DESCUBRIR EL MUNDO
Alimentos del mundo

1 ¿Qué cuatro alimentos hay en esta caja? Escribe sus nombres con la ayuda de las letras y pega las fotos del material recortable.

A M Í Z
M _ _ _

P A A T T A
P _ _ _ _ _

T A T O E M
T _ _ _ _ _

C H A C O O T E L
C _ _ _ _ _ _ _ _

2 Todos estos alimentos vienen del mismo continente. ¿Cómo se llama?

_ _ _ R _ _ _

Usa las letras rojas de los alimentos de la actividad 1.

3 Relaciona estas comidas con un país.

Tortilla de patatas
Nachos con guacamole
Arroz tres delicias
Italia
México
Japón
Estados Unidos
España
China
Hamburguesa
Pasta
Sushi

66 sesenta y seis

El objetivo de esta sección es hablar sobre alimentos del mundo y sus países de origen.

1. ¿QUÉ CUATRO ALIMENTOS HAY EN ESTA CAJA?

Para presentar esta dinámica, lleve a clase una caja con los cuatro alimentos que se trabajan en la actividad. Si no tiene la posibilidad de llevarlos físicamente al aula, puede usar las fotografías del MATERIAL RECORTABLE de la página 79.

Muestre a sus alumnos la caja y pregúnteles: **¿Qué hay en la caja?** Dependiendo del tamaño del recipiente, las respuestas pueden ser muy variadas. Dé por buenas todas, escriba en la pizarra la palabra **alimentos** y aclare el significado. Explique a sus estudiantes que es muy frecuente transportar los alimentos para distribuirlos por todo el mundo y que, por eso, nuestros cuatro alimentos están en una caja. Pregúnteles: **¿Qué alimentos hay en la caja?** Aproveche para hacer un repaso del léxico que trabajaron en la UNIDAD 5.

Luego, dirija su atención a la actividad del libro y anímelos a ordenar las letras para descubrir cuáles son los cuatro alimentos que hay en la caja. Después, remita a los alumnos a la página 79 y anímelos a recortar las imágenes de los alimentos. Una vez recortadas, remítalos a la página 66 y pídales que peguen las imágenes en el lugar adecuado.

Para terminar, haga una puesta en común en clase abierta. Utilice la caja que mostró al principio a sus estudiantes. Ábrala, vaya sacando los alimentos y preguntando: **¿Qué hay en la caja?** Escriba las palabras en la pizarra y asegúrese de que no quedan dudas.

Solución
Maíz, tomate, patata, chocolate.

2. TODOS ESTOS ALIMENTOS VIENEN DEL MISMO CONTINENTE. ¿CÓMO SE LLAMA?

Escriba en la pizarra las palabras **país** y **continente**. Pregúnteles si conocen la diferencia y ponga algunos ejemplos, como el nombre del país en el que viven y el continente al que pertenece. Después, pregúnteles qué nombres de países conocen en español y hagan una lista en la pizarra. Pregúnteles: **¿En qué continente están estos países?** Y repase con ellos los nombres de los continentes en español.

Solución
África, América, Asia, Europa, Oceanía.

Después, dirija su atención a la imagen de la actividad y pídales que completen el nombre del continente usando las letras rojas de la actividad 1.

Solución
América

Si lo considera oportuno, explique que en la mayoría de países de América se habla español. Anímelos a decir el nombre de algunos países que conozcan, muestre la ubicación de América con respecto al continente de origen de sus estudiantes, la ubicación de México, de España, etc.

3. RELACIONA ESTAS COMIDAS CON UN PAÍS

Centre la atención de los alumnos en las imágenes de la actividad 3 y pregúnteles si han visto o comido algunos de los platos que aparecen. Dígales que son alimentos de diferentes países del mundo y anímelos a relacionar cada plato con su país.

Solución
- Tortilla de patatas: España
- Nachos con guacamole: México
- Arroz tres delicias: China
- Hamburguesa: Estados Unidos
- Pasta: Italia
- *Sushi*: Japón

Pida a sus estudiantes que busquen en casa información sobre un alimento típico de su país o región. En la próxima clase, deberán mostrar la imagen del plato que han elegido, mencionar alguno de sus ingredientes y decir cómo se llama.

Animales del mundo

El objetivo de esta sección es hablar sobre animales del mundo, sus orígenes y la representación del mundo animal en diferentes contextos.

1. ¿DÓNDE VIVEN ESTOS ANIMALES: EN MÉXICO, EN ESPAÑA O EN LOS DOS PAÍSES?

Dirija la atención de sus estudiantes a las imágenes de los animales que aparecen en las fotografías y pregúnteles cuáles estudiaron en la UNIDAD 6.

Solución
Loro y caballo

Después, lean todos juntos los nombres del resto de los animales y pregunte a sus alumnos si alguna vez los han visto y dónde. Anímelos a compartir sus experiencias con el grupo. A continuación, pídales que, por parejas o en pequeños grupos, traten de adivinar si esos animales viven en España (el país de Lola), en México (el país de Leo) o en los dos. Deben escribir una **M** (México), una **E** (España) o ambas letras en los círculos de las fotografías.

Para realizar la corrección, escriba las soluciones en tarjetas y pida a los estudiantes que, por turnos, vayan leyéndolas en voz alta.

Solución
- La serpiente vive en España y en México.
- La vaca vive en España y en México.
- El loro rojo vive en México.
- El águila vive en España y en México.
- El lince ibérico vive en España, pero existe una subespecie reconocida de lince que vive en el suroeste de los Estados Unidos y el norte de México.
- La iguana vive en México.
- El caballo vive en España y en México.
- El puma vive en México (hay pumas desde Canadá hasta la Patagonia argentina).

2. BILLETES DEL MUNDO. ¿QUÉ ANIMAL VES?

Escriba en la pizarra la palabra **billete** y pregunte a sus estudiantes qué significa. Para aclarar el significado, puede mostrarles, como ejemplo real, un billete del país en el que se encuentran.

Después, centre la atención de los estudiantes en los billetes que aparecen en la actividad y pídales que digan qué animales ven. Si los estudiantes son originarios de países en los que hay billetes o monedas donde aparecen animales, puede pedirles que lleven ejemplos reales al aula.

Solución
- Irak: caballos
- Fiyi: un loro
- Costa Rica: un jaguar
- Zambia: un águila

3. HACEMOS EN CLASE "ANI-SÁNDWICHES" CON FORMAS Y CARAS DE ANIMALES

Escriba **ani-sándwich** en la pizarra y pregunte a sus alumnos qué creen que significa. Escuche sus respuestas y explíqueles que es una palabra compuesta por **animal** + **sándwich**. Anime a sus estudiantes a observar las imágenes y hagan entre todos la lista de los animales que representan los bocadillos.

Solución
- Un erizo
- Un elefante
- Un ciempiés
- Una mariposa

A continuación, si cuenta con los medios necesarios, realice una pequeña merienda en el aula y lleve ingredientes para crear los "ani-sándwiches" de la clase. Tenga cuidado con las posibles alergias que puedan padecer sus estudiantes.

Si no es posible llevar alimentos al aula, puede pedir a sus alumnos que hagan un "ani-sándwich" en casa y que, después, hagan una foto de su creación para exponerla en clase en una sesión posterior.

Completa las palabras con ña, ñe o ño.

1. Español

2. Se r

3. Se ra

4. Ni

5. Ni

6. Pi ta

7. Peque

8. Ara

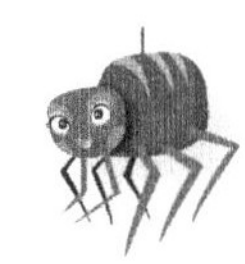

9. Mu ca

10. Monta

11. Pi

Observa la familia de Leo y después completa las frases.

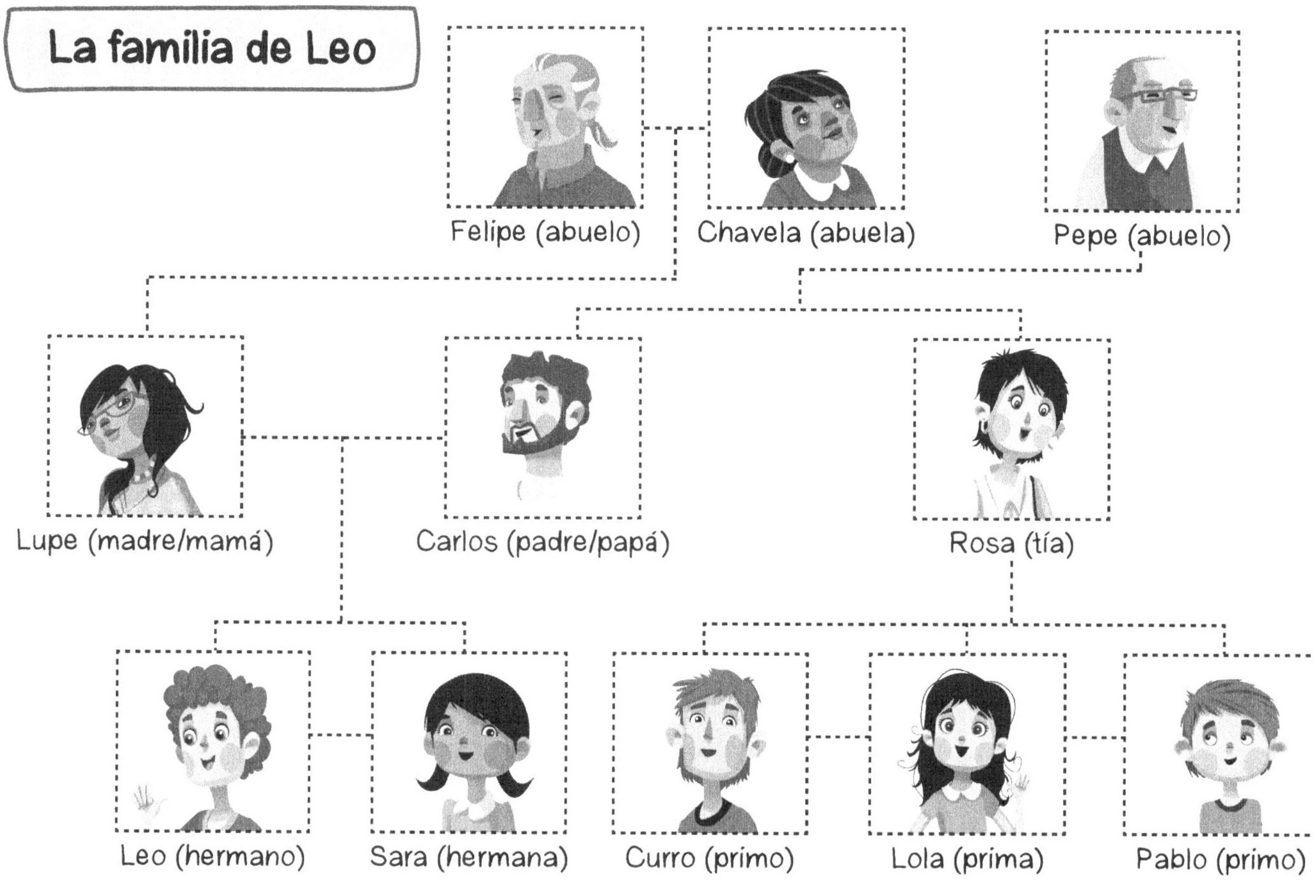

1. Carlos es el padre/papá de Leo y Sara.
2. Lupe es la ________ de Leo y Sara.
3. Sara es la ________ de Leo.
4. Leo es el ________ de Sara.
5. Sara y Leo son ________.
6. Felipe es el ________ de Leo y Sara.
7. Chavela es la ________ de Leo y Sara.
8. Carlos es el ________ de Lola, Curro y Pablo.
9. Rosa es la ________ de Leo y Sara.
10. Leo es el ________ de Lola, Curro y Pablo.
11. Sara es la ________ de Lola, Curro y Pablo.
12. Sara y Leo son los ________ de Lola, Curro y Pablo.

FICHA 3

Mira y completa las frases como en el ejemplo.

1.  →  Lola es la prima de Leo.

2.  → 

3.  → 

4.  → 

5.  → 

6.  → 

7.  → 

8.  → 

9.  →  

10.  → 

Danza	Cinco (5) niños
Guitarra	Muchos niños y muchas niñas
Teatro	Diez (10) niños
Equipo de fútbol	Veinte (20) niños

FICHA 5

A. Lee y practica los números.

16	dieciséis	21	veintiuno	26	veintiséis
17	diecisiete	22	veintidós	27	veintisiete
18	dieciocho	23	veintitrés	28	veintiocho
19	diecinueve	24	veinticuatro	29	veintinueve
20	veinte	25	veinticinco	30	treinta

B. Completa con números del 16 al 30. Después, escucha y marca.

29		
		27
	16	
		23

FICHA 6

Escucha y marca el orden en el que nombran estos objetos.

1

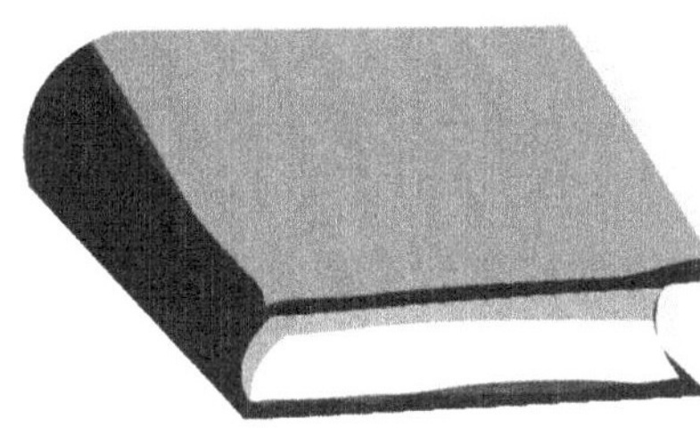

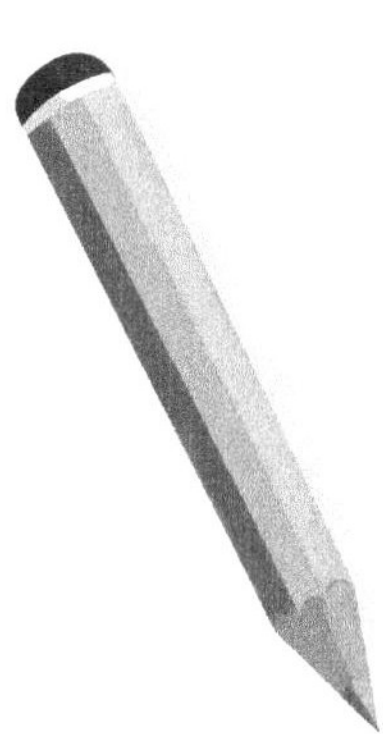

FICHA 7.A

Lee los ejemplos y completa los verbos.

CONTAR

(Yo)	cuent**o**
(Tú)	cuent**as**
(Él/ella)	cuent**a**

CAMINAR

(Yo)	camin**o**
(Tú)	camin**as**
(Él/ella)	camin**a**

BAILAR

(Yo)	
(Tú)	
(Él/ella)	

ESTUDIAR

(Yo)	
(Tú)	
(Él/ella)	

FICHA 7.B

Lee los ejemplos y completa los verbos.

BUSCAR

(Yo)	busc**o**
(Tú)	busc**as**
(Él/ella)	busc**a**

CONTESTAR

(Yo)	contest**o**
(Tú)	contest**as**
(Él/ella)	contest**a**

IMAGINAR

(Yo)	
(Tú)	
(Él/ella)	

PREGUNTAR

(Yo)	
(Tú)	
(Él/ella)	

FICHA 8

Escucha y marca (✓) las partes de la casa que oigas.

FICHA 9

Completa con los nombres de los días de la semana y escribe qué haces cada día.

L	LUNES	Estudio español.
M	____________	____________________
X	____________	____________________
J	____________	____________________
V	____________	____________________
S	____________	____________________
D	____________	____________________

FICHA 10

Dibuja y colorea los muebles de tu habitación.

FICHA 11.A

Escucha el diálogo y marca ✓ quién dice estas frases: Lola o Leo.

1. Quiero participar en un concurso de "minichef" de la escuela.

2. ¿Tú cocinas?

3. Mi madre me ayuda a hacer un batido de frutas.

4. Suerte en el concurso.

FICHA 11.B

Escucha y dibuja (me gusta), (me encanta), (no me gusta) según los gustos de Lola y Leo.

un batido

las frutas

las verduras

FICHA 12

Pega las imágenes y pregunta a tus compañeros por sus gustos.

el zumo	la leche	el batido	el yogur	el chocolate
Nombre del compañero	Nombre del compañero	Nombre del compañero	Nombre del compañero	Nombre del compañero
○ Le gusta	○ Le gusta	○ Le gusta	○ Le gusta	○ Le gusta
○ No le gusta	○ No le gusta	○ No le gusta	○ No le gusta	○ No le gusta

el bocadillo	las galletas	el pan	el huevo	el queso
Nombre del compañero	Nombre del compañero	Nombre del compañero	Nombre del compañero	Nombre del compañero
○ Le gusta	○ Le gustan	○ Le gusta	○ Le gusta	○ Le gusta
○ No le gusta	○ No le gustan	○ No le gusta	○ No le gusta	○ No le gusta

el atún	el arroz	la fruta	las verduras	los dulces
Nombre del compañero	Nombre del compañero	Nombre del compañero	Nombre del compañero	Nombre del compañero
○ Le gusta	○ Le gusta	○ Le gusta	○ Le gustan	○ Le gustan
○ No le gusta	○ No le gusta	○ No le gusta	○ No le gustan	○ No le gustan

FICHA 13.A

Pregunta a tus compañeros y completa.

El nombre de mi compañero	Su mascota	Su animal favorito

FICHA 13.B

Pregunta a tus compañeros y completa.

El nombre de mi compañero	Su mascota	El nombre de su mascota	Su animal favorito

FICHA 14

Lee y completa las frases con el nombre de los animales.

1. Me gustan mucho los loros  .

2. No me gustan las ____________  .

3. A Leo le gustan mucho los ____________  .

4. Me encantan los ____________  .

5. ¿Te gustan los ____________  ?

6. A Sara le gustan mucho los ____________  .

7. Me gustan mucho los ____________  , pero prefiero los ____________  .

8. Lola, ¿te gustan las ____________  ?

9. No me gustan los ____________  . ¿Y a ti?

FICHA 15

Dibuja a tu mascota o a tu animal favorito.

Mi mascota es...

Mi animal favorito es...

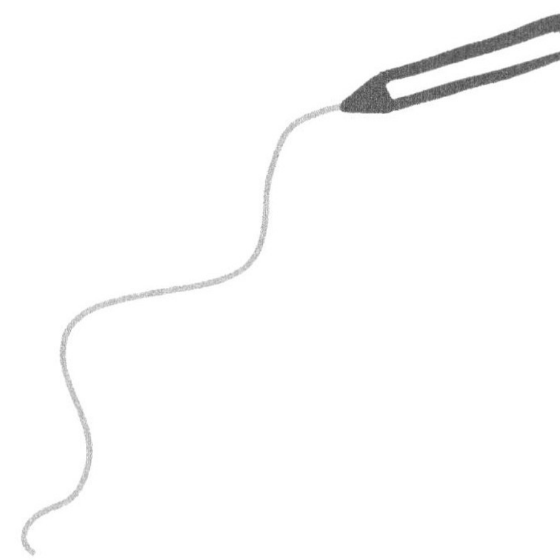

Me gustan las ranas	porque son pequeñas y verdes.
Me gusta esta tortuga	porque es muy bonita.
Me gustan estos peces	porque tienen muchos colores.
Me gustan los perros	porque son muy simpáticos.
Me gustan los caballos	porque son grandes.
Me gusta este gato	porque tiene el pelo largo.
Me gusta este loro	porque es verde y rojo.
Me gusta este hámster	porque es pequeño y suave.

TRANSCRIPCIONES
Libro del alumno

PISTA 1. BIENVENIDOS

- Buenos días. Me llamo Rosa: R-o-s-a.
- Hola. Y yo me llamo Curro: C-u-r-r-o.
- Y yo soy Pablo: P-a-b-l-o.
- Hola. Yo me llamo: L-o-l-a.
- Este es mi perro. Se llama Piñata: P-i-ñ-a-t-a.
- Y yo soy el abuelo, el abuelo Pepe: P-e-p-e.
- Somos la familia Martín Sandoval.

PISTA 2. BIENVENIDOS

- Hola a todos. Yo me llamo Carlos: C-a-r-l-o-s. Carlos Sandoval.
- Y yo soy Lupe: L-u-p-e. Lupe Rico. Somos la familia Sandoval Rico.
- Yo me llamo Leo: L-e-o.
- Y yo soy Sara: S-a-r-a.
- Y nosotros somos el abuelo Felipe: F-e-l-i-p-e.
- Y la abuela Chavela: C-h-a-v-e-l-a.
- Él se llama Jaleo: J-a-l-e-o. Es mi gato.
- Y yo soy el tío Calavera: C-a-l-a-v-e-r-a. Uy, perdón.

PISTA 3. ACTIVIDAD 1

Willkommen, hello, buenos días, merci, hola, bonjour, nein, xièxie, goodbye, adiós, arigatō, español, thank you, ate logo, arrivedereci, nǐ hǎo, bienvenidos.

PISTA 4. ACTIVIDAD 2

Chocolate, jirafa, zapato, perro, Sevilla, niños, guitarra, hola, español, Jaleo, azul, chaqueta.

PISTA 5. ACTIVIDAD 5

a, be, ce, de, e, efe, ge, hache, i, jota, ka, ele, eme, ene, eñe, o, pe, cu, erre, ese, te, u, uve, uve doble, equis, i griega, zeta.

PISTA 6. ACTIVIDAD 5

Canción del abecedario

a, be, ce, de, e, efe, ge, hache, i, jota, ka, ele, eme, ene, eñe, o, pe, cu, erre, ese, te, u, uve, uve doble, equis, i griega, zeta.

PISTA 8. ACTIVIDAD 1

- Buenos días, señora Sandoval.
- o Buenos días.
- Hola, Pablo.
- Hola.
- ¿Cómo estás?
- Bien, gracias... ¿Y tú?
- Muy bien. Tengo una carta de México.
- ¡Una carta de Leo! ¡¡Bieeeeeen!!
- o Muchas gracias.
- Adiós, hasta mañana.
- o Adiós.
- Adiós.

PISTA 9. ACTIVIDAD 2

- Buenos días, señora Sandoval.
- o Buenos días.
- Hola, Pablo.
- Hola.
- ¿Cómo estás?
- Bien, gracias... ¿Y tú?
- Muy bien.

PISTA 10. ACTIVIDAD 3

1.
- Hola, Luis.
- o Hola, Ramón.

PISTA 11. ACTIVIDAD 3

2.
- Buenos días, señora López.
- o Buenos días, Mateo. ¿Cómo estás?
- Bien, gracias. ¿Y usted?

PISTA 12. ACTIVIDAD 3

3.
- Adiós, Paco.
- o Adiós, Rafael. Hasta mañana.

PISTA 13. ACTIVIDAD 5

- Un café para el señor y un helado de fresa para la niña.
- o Muchas gracias.
- Gracias.
- De nada. ¿Y para el perro? ¿Cómo se llama?
- Se llama Piñata.
- Hola, Piñata. Y tú, ¿cómo te llamas?
- ¿Yo? Me llamo Lola.

PISTA 14. ACTIVIDAD 6

- ¿Cómo se llama?
- Se llama Piñata.
- Hola, Piñata. Y tú, ¿cómo te llamas?
- ¿Yo? Me llamo Lola.

PISTA 15. ACTIVIDAD 9

- Un caramelo para Pablo y para mí... una piruleta, por favor.
- o ¿De qué color? ¿Naranja, azul, verde, amarilla, lila, roja...?
- Naranja, por favor.
- o Muy bien, aquí tienes.
- Gracias.
- o De nada. Adiós.
- Adiós.

PISTA 16. ACTIVIDAD 10

- Un caramelo para Pablo y para mí... una piruleta, por favor.
- ¿De qué color? ¿Naranja, azul, verde, amarilla, lila, roja...?
- Naranja, por favor.
- Muy bien, aquí tienes.

PISTA 17. ACTIVIDAD 13

La canción de los colores

¿Qué es? Un caramelo rojo,
negro, blanco, rosa y marrón.
Naranja, lila, verde y amarillo.
Y azul, y azul. Y ahora saltas tú.

¿Qué es? Una pelota roja,
negra, blanca, rosa y marrón.
Naranja, lila, verde y amarilla.
Y azul, y azul. Y ahora cantas tú.

PISTA 18. ACTIVIDAD 14

Un perro, un gato, un caramelo, un helado, un niño, una pelota, una piruleta, una carta, una bicicleta, una niña.

PISTA 19. ACTIVIDAD 15

- Un perro negro
- Un gato azul
- Una piruleta roja
- Un caramelo rosa
- Una pelota naranja
- Un niño verde
- Una bicicleta amarilla
- Una niña lila
- Una carta blanca

PISTA 20. ACTIVIDAD 18

Ña, ñe, ñi, ño, ñu, eñe, español, señor, señora, niño, niña, Piñata, pequeño, araña, muñeca, montaña, piña.

PISTA 22. ACTIVIDAD 1

- Hola, Lola.
- Feliz cumpleaños, Leo.
- ¡Muchas gracias! ¡Qué sorpresa! Lola..., me regalaron una bicicleta nueva.
- Una bicicleta... ¡Qué bien! ¿De qué color?
- Roja y azul.
- ¡Uf! ¡No te escucho!
- Mira, mira, Lola. ¡La piñata!
- Sí, sí... ¡Y Jaleo!

PISTA 23. ACTIVIDAD 2

A.

- Feliz cumpleaños, Leo.
- Muchas gracias. ¡Qué sorpresa!

PISTA 24. ACTIVIDAD 2

B.

- ¡Muchas felicidades, abuelo!
- Gracias, Sara.
- De nada.

PISTA 25. ACTIVIDAD 3

A.

- ¡Leo! ¡Leo!
- ¡¡Feliz cumple!! Toma, tu regalo.
- Es un tren...
- ¡Shhhh! ¡Es sorpresa!

PISTA 26. ACTIVIDAD 3

B.

- ¡Uy! Mira los regalos...
- Sí, a ver... ¿Qué es?
- Es un carro de policía.
- ¡Órale!

PISTA 27. ACTIVIDAD 5

- ¿Cuántos años tienes?
- Tengo nueve años. ¿Y tú?
- Yo también. Ah... ¡no! Tengo diez, como mi amigo Leo.
- ¿Y cuántos años tiene el tío Calavera?
- ¡Uy! No sé. Muchos...

PISTA 28. ACTIVIDAD 6

A.

- ¿Cuántos años tiene Sara?
- Tiene siete años.

PISTA 29. ACTIVIDAD 6

B.

- ¿Cuántos años tienes?
- Tengo diez.

PISTA 30. ACTIVIDAD 7

A.

Cero, uno, dos, tres, cuatro, cinco, seis, siete, ocho, nueve, diez, once, doce, trece, catorce, quince.

B.

Cero, siete, once, quince, tres, ocho, trece.

PISTA 31. ACTIVIDAD 9

- ¿Y quién es?
- Es mi primo Curro.
- ¿Y ella? ¿Quién es?
- Es Rosa, su mamá.
- ¿De dónde es? ¿Es mexicana?
- ¡No! Rosa es española, como mi papá. Mi mamá es mexicana. ¡Ah! Y Piñata.
- ¿Piñata? ¿Quién es?
- Su perro y... ¡es mexicano! Y tú, ¿de dónde eres?
- Soy mexicano, como mi papá.

PISTA 32. ACTIVIDAD 10

A.

- ¿Y quién es?
- Es Curro, mi primo.

PISTA 33. ACTIVIDAD 10

B.

- ¿Y ella? ¿Quién es?
- Es Rosa, su mamá.
- ¿De dónde es?
- Rosa es española.

PISTA 34. ACTIVIDAD 10

C.

- ¿Es su abuelo?
- ¡Sí! Se llama Pepe. Y es muy divertido.

PISTA 35. ACTIVIDAD 11

A.

- ¿Y quién es?
- Es Curro, mi primo.

B.

- ¿Y ella? ¿Quién es?
- Es Rosa, su mamá.
- ¿De dónde es?
- Rosa es española.

C.

- ¿Es su abuelo?
- ¡Sí! Se llama Pepe. Y es muy divertido.

PISTA 36. ACTIVIDAD 14

Erre que erre

Ra, ra, ra, salta que te salta.
Re, re, re, corre que te corre.
Ri, ri, ri, ríe que te ríe.
Ro, ro, roooooo... Rompe la piñata,
rómpela pronto, toma el caramelo
y salta otra vez.
Ra, ra, ra, salta que te salta.
Re, re, re, corre que te corre.
Ri, ri, ri, ríe que te ríe.
Ro, ro, roooooo... Rompe la piñata
y no pares de reír.
Rompe la piñata, que la rompo yo.
Ra, ra, ra,
re, re, re,
ri, ri, ri,
ro, ro, roooooooo...

PISTA 37. ACTIVIDAD 15

El tren, el regalo, el padre, el globo, el carro, el refresco, la muñeca, la piñata, la madre, la hermana, la abuela, la limonada.

PISTA 38. ACTIVIDAD 19

Regalo, tren, padre, madre, hermano, perro, refresco, caramelo, carro, rosa.

PISTA 44. ACTIVIDAD 1

- A ver... A ver.... ¿Qué hay en la caja?
- ¡Hay lápices!
- No, no, Emilia.
- ¡Hay tijeras!
- No, no, Lola, no. A ver.... ¿Qué hay en la caja?
- ¡Hay bolígrafos!
- ¡No, Mario! Hay instrumentos musicales nuevos.
- ¿Qué? ¿Musicales?
- Sí, hay instrumentos musicales: unas castañuelas, unas flautas...
- ¡Yo tengo una flauta!
- Y hay unas maracas nuevas.
- ¿Maracas? ¡Sí! Del cumple de mi primo Leo... Mira, profe...

PISTA 45. ACTIVIDAD 2

A.

- A ver... A ver.... ¿Qué hay en la caja?
- ¡Hay lápices!
- No, no, Emilia.

PISTA 46. ACTIVIDAD 2

B.

- A ver... A ver.... ¿Qué hay en la caja?
- ¡Hay tijeras!
- No, no, Lola, no.

PISTA 47. ACTIVIDAD 2

C.

- A ver... A ver.... ¿Qué hay en la caja? Hay castañuelas, flautas y unas maracas nuevas.

PISTA 48. ACTIVIDAD 3

A.

- A ver... A ver.... ¿Qué hay en la caja?

B.

- A ver... A ver.... ¿Qué hay en la caja?

C.

- A ver... A ver.... ¿Qué hay en la caja?

PISTA 49. ACTIVIDAD 6

- Teresa, ¿cuántos niños hay en tu clase de danza?
- En mi clase... hay diez niños.
- ¡Ah! Hay pocos. En mi clase de guitarra hay veinte.
- ¡Qué bien! En mi clase de teatro hay solo cinco niñas.
- ¿Y cuántos hay en el equipo de fútbol?
- ¡Uy! No sé. Hay muchos niños... y niñas también.
- ¡Shhhh! ¡Silencio! No escucho al profe...

PISTA 50. ACTIVIDAD 7

A.

- ¿Cuántos niños hay en la clase de guitarra?
- Hay veinte.

PISTA 51. ACTIVIDAD 7

B.

- ¿Cuántas sillas hay en la clase de música?
- Hay veintitrés sillas de muchos colores.

PISTA 52. ACTIVIDAD 7

C.

- ¿Cuántos libros hay en la biblioteca?
- Hay treinta libros para todos los niños.

PISTA 53. ACTIVIDAD 10

El twist de la goma

Ahí vienen las mochilas
a contar lo que pasó.
Nadie se lo imaginaba,
pero ella se escapó.
En la escuela la buscaban
en el aula y el salón.
Todos los niños miraban
en el fondo del trombón.
La goma muy inquieta
del estuche se fugó
a borrar las malas letras
que un duende escribió.
La goma muy blanquita
se paseaba por las calles
preguntando a los ratones
por el duende Malaquita.
Un gato con patines
le dijo que el duende estaba
en los jardines escribiendo
de la escuela nacional.
Allí fue la goma corriendo
a borrar las feas letras
de ese duende tan loquito
que no quiere aprender.
Y así volvió la goma,
sonriendo y despacito,
a contarle a las mochilas
su aventura con las letras.

PISTA 54. ACTIVIDAD 11

- Mira, Joaquín: mi lápiz rojo toca la guitarra.
- ¡Sí! Y mi goma canta un tango: ... la, la, la, la...
- María, ¿tu lápiz azul toca la flauta?
- Sí, ¡claro! Y también baila el chachachá.
- ¡Mentira! Un lápiz escribe palabras y una goma borra las letras.
- ¡Atención, compañeros! Mi libro habla español: bla, bla, bla...
- ¡Y mi cuaderno nuevo salta en la mesa!
- ¡Qué ruido, niños! ¿Qué pasa?

PISTA 55. ACTIVIDAD 12

A.

- El lápiz escribe palabras.

PISTA 56. ACTIVIDAD 12

B.

- La goma borra las letras.

PISTA 57. ACTIVIDAD 12

C.

- El libro habla español: bla, bla, bla.

PISTA 58. ACTIVIDAD 12

D.

- El cuaderno salta en la mesa.

PISTA 59. ACTIVIDAD 16

Escribe, canta, lee, juega, representa, relaciona, escucha, dibuja, habla, mira.

PISTA 60. ACTIVIDAD 20

Libro, papelera, lápiz, mochila, bolígrafo, silla, palabra, él, hablar, amarillo, ella, Lola, Leo, Sevilla, Puebla.

PISTA 62. ACTIVIDAD 1

- ¿Qué miras, Leo?
- Las fotos de la casa para una actividad de la escuela, abuelo.
- A ver... El jardín, la sala, la habitación, la cocina y el cuarto de baño. ¡Muy bien! Manda las fotos a tu prima Lola, ella no conoce nuestra casa.
- ¡Es verdad! ¿Ella vive en una casa o en un departamento?
- No sé. Pregunta a tu papá.
- Papá, papá...
- Espera, esperaaa... ¡¡¡Goooool!!! ¡¡¡Gooool de México!!!

PISTA 63. ACTIVIDAD 2

- ¿Qué miras, Leo?
- Las fotos de la casa para una actividad de la escuela, abuelo.
- A ver... El jardín, la sala, la habitación, la cocina y el cuarto de baño.

PISTA 64. ACTIVIDAD 5

- Hola, mamá. ¡Las plantas están muy bonitas!
- ¡Ay!... ¡Gracias, hija! Es que todos los días trabajo un poco en el jardín.
- ¿Y qué haces?
- Riego casi todos los días y a veces compro plantas nuevas...
- Y además, ¡está muy limpio!
- Claro, barro el suelo muchos días, cambio las flores si no están bonitas...
- ¿Y el sábado y el domingo también trabajas en el jardín?
- ¡Ah, no! El sábado es mi día libre: leo un libro, pinto... Y el domingo escribo canciones con Leo y aprendo a bailar con el tío Calavera. ¡Mira cómo baila!
- Sí, baila muy bien.

PISTA 65. ACTIVIDAD 6

• ¿Y el sábado y el domingo también trabajas en el jardín?
o ¡Ah, no! El sábado es mi día libre: leo un libro, pinto... Y el domingo escribo canciones con Leo y aprendo a bailar con el tío Calavera. ¡Mira cómo baila!

PISTA 66. ACTIVIDAD 7

• ¿Y el sábado y el domingo también trabajas en el jardín?
o ¡Ah, no! El sábado es mi día libre: leo un libro, pinto... Y el domingo escribo canciones con Leo y aprendo a bailar con el tío Calavera. ¡Mira cómo baila!

PISTA 67. ACTIVIDAD 9

Mi casa, tu casa

Mi casa, tu casa, vamos a empezar.
Adentro, afuera, vamos a jugar.
¿Preparados?
1, 2, 3 y... ¡ya!
En el jardín yo salto,
en el salón me siento,
en el cuarto me tumbo
y ¿en la cocina qué?
A mezclar, a mezclar, a mezclar
la receta de mi mamá.
A mezclar, a mezclar, a mezclar
la receta de mi papá.

PISTA 68. ACTIVIDAD 10

• Sara, ¿dónde está el juego de la oca?
o A ver... ¿encima de la mesa?
• No está. El gato está encima de la computadora.
o ¿Y dentro del armario?
• No, en el armario está la ropa.
o Mira, ¡aquí está! Debajo de la cama.
• ¡Qué bien! Vamos a jugar.

PISTA 69. ACTIVIDAD 11

• Sara, ¿dónde está el juego de la oca?
o A ver... ¿encima de la mesa?
• No está. El gato está encima de la computadora.

PISTA 70. ACTIVIDAD 14

A.

Las partes de la casa: el garaje, el patio, el salón, la habitación, el pasillo, el cuarto de baño, la cocina.

PISTA 71. ACTIVIDAD 14

B.

Los muebles: el televisor, la mesa, la silla, la cama, el armario.

PISTA 72. ACTIVIDAD 19

Jaleo, jardín, tejado, garaje, debajo, espejo.

PISTA 74. ACTIVIDAD 1

• Lola, ¿qué receta quieres hacer en el concurso?
o No sééé..., mamá.
• Tenemos muchas frutas. Puede ser un batido, una macedonia...
o Hum... ¿Qué frutas tenemos?
• A ver... Tenemos plátanos, fresas, manzanas, frambuesas, moras y sandía.
o Quiero hacer un batido superrosa. ¡Me encanta!
• ¡Muy bien!

PISTA 75. ACTIVIDAD 2

• Lola, ¿qué receta quieres hacer en el concurso?
o Quiero hacer un batido superrosa.

PISTA 76. ACTIVIDAD 5

• Hola, Leo. ¿Qué tal? Quiero participar en un concurso de "minichef" de la escuela.
o ¡Muy bien! ¿Y tú cocinas?
• Un poco. Mi madre me ayuda a hacer un batido de frutas. ¿Te gusta?
o Sí, me gusta. ¡Me encantan las frutas! ¿Te gustan las verduras?
• No, no me gustan. Hasta luego, Leo. ¡Un besito!
o ¡Suerte en el concurso!

PISTA 77. ACTIVIDAD 6

• Hago un batido de frutas. ¿Te gusta?
o Sí, me gusta. ¡Me encantan las frutas! ¿Te gustan las verduras?
• No, no me gustan.

PISTA 78. ACTIVIDAD 10

• Mamá, tengo hambre. Quiero un bocadillo.
o Ahora no puedo. Curro, ayuda a tu hermano a preparar un bocadillo.
• Vale. ¡Yo también quiero! ¿Qué necesito?
o Queso y tomate. Están en la nevera.
• A ver... Cinco lonchas de queso...
o No, Curro, menos. Una está bien.
• ¿Puedo ayudar?
• Sí. Necesito más pan, por favor.
• Aquí está.
• ¡Gracias! No, Piñata, es de Pablo.
• Mmmmm... ¡Qué rico!

PISTA 79. ACTIVIDAD 11

• ¿Puedo ayudar?
o Sí. Necesito más pan, por favor.
• Aquí está.
o ¡Gracias!

PISTA 80. ACTIVIDAD 14

El mango, el plátano, el melocotón, el limón, la naranja, la fresa, la frambuesa, la mora, la sandía, la pera, la uva, la piña.

PISTA 81. ACTIVIDAD 17

Batido de frutas

Mi mamá cocina, mi hermano también,
y ahora que ya soy mayor también quiero aprender.
Hago un superbatido, ¡qué rico que está!
Lleva muchas frutas... solo hay que mezclar.
Me gusta con fresa, plátano y frambuesa.
Y a ti, ¿con qué te gusta? ¿Manzana, pera o uva?

PISTA 82. ACTIVIDAD 19

La cereza, la manzana, el zumo, la taza, el azúcar, el arroz, el almuerzo.

PISTA 84. ACTIVIDAD 1

- Hola. Quiero adoptar un caballo.
- ¿Un caballo? Aquí no hay caballos...
- ¿No? ¿Por qué no?
- Pues porque en una tienda de mascotas no hay caballos.
- ¿Y qué animal es una mascota?
- Pues una mascota es... un gato, un perro, un loro, un hámster, un pez, un ratón, un conejo, una rana, una cobaya...
- ¿Y cuál es tu animal favorito?
- Mi animal favorito es el gato.
- ¡Yo tengo un gato! Se llama Jaleo.

PISTA 85. ACTIVIDAD 2

- ¿Y qué animal es una mascota?
- Pues una mascota es... un gato, un perro, un loro, un hámster, un pez, un ratón, un conejo, una rana, una cobaya...
- ¿Y cuál es tu animal favorito?
- Mi animal favorito es el gato.

PISTA 86. ACTIVIDAD 6

- Me gusta esta tortuga, abuela.
- Sí, es muy bonita.
- Y también me gusta este conejo.
- ¿Por qué?
- Porque tiene los ojos grandes y el pelo negro.
- ¡Como tú!
- Es verdad, como yo. Y también me gusta este hámster.
- ¿Este también?
- Sí. Es muy pequeño y suave.
- También como tú. Ándale, vamos, vamos...
- Adiós, amiguitos.

PISTA 87. ACTIVIDAD 7

- Me gusta esta tortuga, abuela.
- Sí, es muy bonita.
- Y también me gusta este conejo.
- ¿Por qué?
- Porque tiene los ojos grandes y el pelo negro.
- ¿Y te gusta este hámster?
- Sí. Es muy pequeño y suave.

PISTA 88. ACTIVIDAD 10

- ¡Qué bonito es este papagayo!
- No, no es un papagayo. Es un loro.
- ¿Un loro? ¿Y qué es un loro?
- Es un papagayo más pequeño.
- ¿Y qué comen los loros?
- Comen frutas y semillas.
- ¿Y qué beben?
- Beben agua.
- ¿Y dónde viven?
- Pues... viven en una casa para loros.
- ¿Y por qué sabes tanto?
- Porque soy veterinario.
- ¡Mamá, mamá! El papá de Leo es veterinario.

PISTA 89. ACTIVIDAD 11

- ¿Y qué es un loro?
- Es un papagayo más pequeño.
- ¿Y qué comen los loros?
- Comen frutas y semillas.
- ¿Y qué beben?
- Beben agua.
- ¿Y dónde viven?
- Pues... viven en una casa para loros.

PISTA 90. ACTIVIDAD 14

La fiesta de los animales

En la tienda de mascotas
una fiesta van a dar,
cantan, bailan como amigos,
vamos, vamos a empezar.
El perro y el gato bailan,
el loro canta muy bien
y los otros animales
mueven las colas también.
Y los otros animales
mueven las colas también.

Miau, miau, miau, el gato canta.
Glu, glu, glu, este es el pez.
Guau, guau, guau, este es el perro.
Y los otros animales bailan
todos a la vez.
Y los otros animales bailan
todos a la vez.

PISTA 91. ACTIVIDAD 20

Cha, che, chi, cho, chu, cachorro, chocolate, chicle, ocho, chorizo, muchos, salchicha, chico, chica, leche, peluche, ducha, noche, China, chupachups.

PISTA 92. ACTIVIDAD 21

Casa, chocolate, rojo, peluche, comen, caramelo, ocho, noche, salchicha, carta, ducha, conejo, cachorro, muchos.

TRANSCRIPCIONES
Cuaderno de ejercicios

PISTAS 1 Y 2. ACTIVIDAD 1

1.

- Buenos días. Me llamo Rosa: R-o-s-a.
- Hola. Y yo me llamo Curro: C-u-r-r-o.
- Y yo soy Pablo: P-a-b-l-o.
- Hola. Yo me llamo: L-o-l-a.
- Este es mi perro. Se llama Piñata: P-i-ñ-a-t-a.
- Y yo soy el abuelo, el abuelo Pepe: P-e-p-e.
- Somos la familia Martín Sandoval.

2.

- Hola a todos. Yo me llamo Carlos: C-a-r-l-o-s. Carlos Sandoval.
- Y yo soy Lupe: L-u-p-e. Lupe Rico. Somos la familia Sandoval Rico.
- Yo me llamo Leo: L-e-o.
- Y yo soy Sara: S-a-r-a.
- Y nosotros somos el abuelo Felipe: F-e-l-i-p-e.
- Y la abuela Chavela: C-h-a-v-e-l-a.
- Él se llama Jaleo: J-a-l-e-o. Es mi gato.
- Y yo soy el tío Calavera: C-a-l-a-v-e-r-a. Uy, perdón.

PISTA 3. ACTIVIDAD 10

La canción de los colores

¿Qué es? Un caramelo rojo,
negro, blanco, rosa y marrón.
Naranja, lila, verde y amarillo.
Y azul, y azul. Y ahora saltas tú.

PISTA 4. ACTIVIDAD 14

- Lo-la
- Cu-rro
- Pi-ña-ta
- Ro-sa
- Ja-le-o
- Cha-ve-la
- Fe-li-pe
- Le-o

PISTA 5. ACTIVIDAD 7

1.

- ¿Cuántos años tienes?
- Yo tengo nueve años.

2.

- Y tú, ¿cuántos años tienes?
- Tengo doce.

3.

- ¿Cuántos años tienes?
- Tengo ocho.

4.

- ¿Cuántos años tienes?
- ¿Yo? Tengo catorce años.

5.

- ¿Cuántos años tienes?
- Tengo siete.

6.

- ¿Cuántos años tienes?
- Tengo diez años. ¿Y tú?

PISTA 6. ACTIVIDAD 16

Erre que erre

Ra, ra, ra, salta que te salta.
Re, re, re, corre que te corre.
Ri, ri, ri, ríe que te ríe.
Ro, ro, roooooo... Rompe la piñata,
rómpela pronto, toma el caramelo
y salta otra vez.
Ra, ra, ra, salta que te salta.
Re, re, re, corre que te corre.
Ri, ri, ri, ríe que te ríe.
Ro, ro, roooooo... Rompe la piñata
y no pares de reír.
Rompe la piñata, que la rompo yo.
Ra, ra, ra,
re, re, re,
ri, ri, ri,
ro, ro, roooooooo...

PISTA 7. ACTIVIDAD 4

- Un estuche azul
- Una goma rosa
- Un lápiz amarillo
- Un cuaderno rojo
- Un libro verde
- Un sacapuntas naranja

PISTA 8. ACTIVIDAD 5

1. Lola **escribe** en la pizarra.
2. Leo **habla** por teléfono.
3. El abuelo **lee** el periódico.
4. La abuela **trabaja** en el jardín.
5. El tío Calavera **baila** muy bien.

PISTA 9. ACTIVIDAD 12

1. La cama está debajo del cuadro.
2. La mesa está delante de la cama, en el centro de la habitación.
3. El armario está al lado de la cama.
4. La silla está detrás de la mesa.
5. Los libros están encima de la mesa.
6. La pelota está debajo de la silla.
7. La mochila está debajo de la ventana.
8. Piñata está encima de la cama.
9. La muñeca está fuera del armario.

PISTA 10. ACTIVIDAD 13

Mi casa, tu casa

Mi casa, tu casa, vamos a empezar.
Adentro, afuera, vamos a jugar.
¿Preparados?
1, 2, 3 y... ¡ya!
En el jardín yo salto,
en el salón me siento,
en el cuarto me tumbo
y ¿en la cocina, qué?
A mezclar, a mezclar, a mezclar
la receta de mi mamá.
A mezclar, a mezclar, a mezclar
la receta de mi papá.

PISTA 11. ACTIVIDAD 14

Jaleo, espejo, tejado, jardín, garaje.

PISTA 12. ACTIVIDAD 9

1. Me gustan los batidos de fresa.
2. No me gusta el yogur de piña.
3. Me gusta la pizza de queso y tomate.
4. No me gustan las galletas de chocolate.

PISTA 13. ACTIVIDAD 13

- Hay poca sal en el salero.
- En el vaso hay mucha leche.
- Hay poco chocolate en la taza.
- En el plato hay mucho queso.

PISTA 14. ACTIVIDAD 18

Batido de frutas

Mi mamá cocina, mi hermano también,
y ahora que ya soy mayor también quiero aprender.
Hago un superbatido, ¡qué rico que está!
Lleva muchas frutas... solo hay que mezclar.
Me gusta con fresa, plátano y frambuesa.
Y a ti, ¿con qué te gusta? ¿Manzana, pera o uva?

PISTA 15. ACTIVIDAD 19

Cereza, zumo, manzana, taza, azúcar, almuerzo, arroz.

PISTA 16. ACTIVIDAD 4

a. Este pez es muy **bonito**.
b. Mi gato tiene el pelo **corto**.
c. El loro es muy **simpático** y tiene muchos **colores**.
d. Tengo dos perros: uno **grande** y otro más **pequeño**.

PISTA 17. ACTIVIDAD 8

1. Tengo plumas de muchos colores y un pico pequeño. Soy el...
2. Tengo la cola larga y bigotes. Soy el...
3. Tengo aletas y me gusta el agua. Soy el...
4. Tengo las orejas grandes y me gusta el queso. Soy el...

PISTA 18. ACTIVIDAD 10

La fiesta de los animales

En la tienda de mascotas
una fiesta van a dar,
cantan, bailan como amigos,
vamos, vamos a empezar.
El perro y el gato bailan,
el loro canta muy bien
y los otros animales mueven las colas también.
Y los otros animales mueven las colas también.
Miau, miau, miau, el gato canta.
Glu, glu, glu, este es el pez.
Guau, guau, guau, este es el perro.
Y los otros animales bailan todos a la vez.
Y los otros animales bailan todos a la vez.

PISTA 19. ACTIVIDAD 15

a. cuchara
b. cachorros
c. leche
d. mochila
e. churros

SOLUCIONES
Cuaderno de ejercicios

UNIDAD 0. BIENVENIDOS

1.

2. Piñata y Jaleo.

6.

1. Francia. Una niña francesa.
2. Estados Unidos. Un niño americano.
3. Brasil. Una niña brasileña.
4. Inglaterra. Un niño inglés.
5. Italia. Un niño italiano.
6. Alemania. Una niña alemana.

UNIDAD 1. ¡HOLA!

1.

2.

A. ¡Adiós! | B. ¡Buenas noches! | C. ¡Buenos días!

3.

- Pablo está mal.
- Curro está bien.
- Lola está regular.

8.

- ¿Cómo estás?
- ¿Cómo te llamas?
- ¿Qué tal?
- ¡Hola!
- ¡Buenas tardes!
- ¡Hasta mañana!
- ¡Gracias!

11. Propuesta de solución: niño, niña, señor, español, Piñata.

12.

- **Masculino**: un gato azul, un perro negro, un gato amarillo, un perro marrón, un caramelo rosa.
- **Femenino**: una pelota naranja, una pelota blanca, una carta lila, una carta blanca, una bicicleta rosa, una piruleta verde.

14.

UNIDAD 2. EL CUMPLEAÑOS DE LEO

1.

2. La tarta, el regalo, los globos, las limonadas, la niña, la familia, las guitarras, el niño, los libros, las piñatas, el refresco, los carros.

4. Trece (13), ocho (8), quince (15), nueve (9), diez (10), once (11), tres (3), catorce (14), siete (7), cuatro (4), seis (6), dos (2), cinco (5), uno (1), doce (12).

7.

1. Yo tengo nueve años.
2. Tengo doce.
3. Tengo ocho.
4. ¿Yo? Tengo catorce años.
5. Tengo siete.
6. Tengo diez años. ¿Y tú?

8.

9.

10.

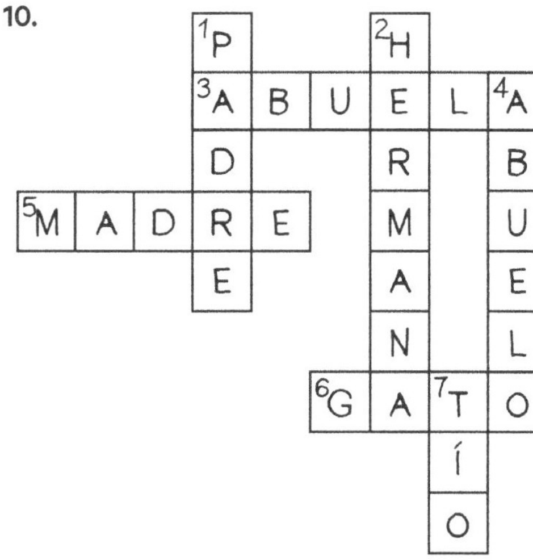

12.

13.

- **Números**: once, quince, trece, catorce, doce, cuatro, diez.
- **Nacionalidades**: mexicana, italiano, australiana, español, inglés, brasileño.
- **Regalos**: libro, tren, carro, muñeca, guitarra.

14.

1. Me llamo Michael (Alemania). Soy alemán.
2. Soy Hiromi (Japón). Soy japonesa.
3. Mi nombre es Sara (México). Soy mexicana.
4. Me llamo James (Australia). Soy australiano.
5. Yo soy Paulo (Brasil). Soy brasileño.
6. Soy Charlotte (Francia). Soy francesa.
7. Soy Nancy (Inglaterra). Soy inglesa.

15.

1. Leo tiene diez años.
2. Leo es mexicano.
3. Leo tiene una bicicleta.
4. La bicicleta es roja y azul.
5. La hermana de Leo se llama Sara.
6. El padre de Leo es español.
7. Leo tiene muchos amigos.
8. La tarta del cumple de Leo es de vainilla.

DE LETRA EN LETRA

b. Lola es española / Lola es de España.
d. Leo tiene diez años.
g. Es una bicicleta.
h. Una araña, un tren, una muñeca, un carro.
j. Piñata es marrón y blanco.
k. Es un regalo.
l. Felipe es el abuelo de Leo.
m. Tiene un globo.
n. Chavela es mexicana / Chavela es de México.
ñ. La bandera de México es verde, blanca y roja.
p. Es el tío Calavera.
r. La mamá de Lola se llama Rosa.
s. Tiene una pelota.
t. 4 + 8 es igual a 12.
u. El gato de Leo se llama Jaleo.
v. Emma tiene ocho años.
x. 15 – 6 es igual a 9.
y. Ce, u, eme, pe, ele, e, a, eñe, o, ese.

UNIDAD 3. LA CLASE DE MÚSICA

1.

2.

- dos cuadernos rojos
- un estuche rosa
- una regla lila
- dos sacapuntas azules
- tres libros amarillos
- una goma blanca
- unas tijeras verdes
- dos lápices marrones
- un bolígrafo naranja

3.

- un sacapuntas
- un lápiz
- una regla
- unas tijeras
- un cuaderno
- unos libros
- unas gomas
- una mochila
- unos estuches
- un bolígrafo
- unos lápices de colores

4.

- un estuche azul
- una goma rosa
- un lápiz amarillo
- un cuaderno rojo
- un libro verde
- un sacapuntas naranja

5.

- la mochila ⟶ las mochilas
- el estuche ⟶ los estuches
- el libro ⟶ los libros
- la flauta ⟶ las flautas
- el sacapuntas ⟶ los sacapuntas
- el cuaderno ⟶ los cuadernos
- la goma ⟶ las gomas
- la regla ⟶ las reglas
- el bolígrafo ⟶ los bolígrafos
- la guitarra ⟶ las guitarras

6.

- una piñata
- muchos libros
- una guitarra
- muchas letras
- unas maracas

9. Diecisiete (17), veintidós (22), veintiuno (21), veinte (20), veintisiete (27), veintiséis (26), diecinueve (19), veintinueve (29), veintiocho (28), dieciséis (16), treinta (30), veintitrés (23), dieciocho (18), veinticuatro (24), veinticinco (25).

12.

hablo	bailo	escucho	canto
hablas	bailas	escuchas	cantas
habla	baila	escucha	canta

13.

1. Yo tengo una flauta.
2. Mi goma borra.
3. Ella tiene un cuaderno rojo.
4. Mi primo canta una canción.

14.

1. Yo tengo una goma roja.
2. En mi clase hay muchos libros.
3. Mi profesora es española.
4. Lola toca unas maracas blancas.
5. El profesor tiene una guitarra nueva.
6. En la caja de música hay muchos instrumentos.
7. En la mochila hay unos cuadernos negros.

15.

1. Lola tiene ocho años.
2. El perro de Lola se llama Piñata.
3. Lola es una niña.
4. Lola habla español.
5. En la clase de Lola hay muchos libros.
6. Lola toca las maracas en clase de música.

17.

- Leo
- Jaleo
- Lola
- amarillo
- libro
- silla
- lápiz
- Sevilla
- familia
- bolígrafo
- me llamo
- pelota

UNIDAD 4. LA CASA DE LEO

1.

2.

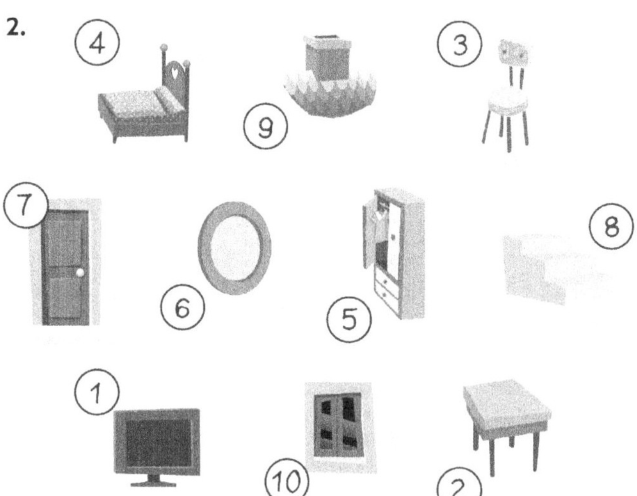

3.

1. La habitación de Rosa tiene una ventana. (Verdadero)
2. En el salón hay una chimenea. (Falso)
3. La casa de Lola tiene jardín. (Falso)
4. En la cocina hay una mesa. (Verdadero)
5. La habitación de Lola es verde. (Verdadero)

5.

1. Lola escribe en la pizarra.
2. Leo habla por teléfono.
3. El abuelo lee el periódico.
4. La abuela trabaja en el jardín.
5. El tío Calavera baila muy bien.

7.

L lunes

M martes

M miércoles

J jueves

V viernes

S sábado

D domingo

8.

11.

a. El regalo está debajo del carro de policía.
b. La silla está delante de la mesa.
c. Los lápices están dentro del estuche.
d. Los libros están fuera de la mochila.
e. La pelota está detrás del televisor.
f. El ordenador está encima de la mesa.

12.

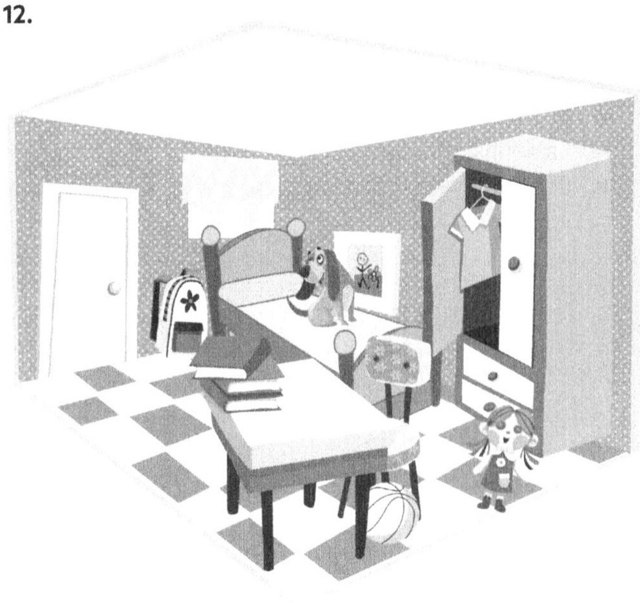

13.

1. Mi casa, tu casa. Vamos a empezar.
2. Adentro, afuera. Vamos a jugar.
3. ¿Preparados? 1, 2, 3 y ya.
4. En el jardín yo salto.
5. En el salón me siento.
6. En el cuarto me tumbo. ¿En la cocina?
7. A mezclar, a mezclar, mezclar. La receta de mi mamá.

14.

 Jaleo

 jardín

 espejo

 garaje

 tejado

EL TRIVIAL DE LOLA Y LEO

Unidad 1. ¡Hola!

- Lola es de España (es española) y Leo es de México (es mexicano).
- Se llama Lupe.
- Respuesta libre.
- Respuesta libre.
- Respuesta libre.
- Propuesta de solución: azul, rojo, verde.
- Un caramelo es masculino.
- Propuesta de solución: piñata, araña.

Unidad 2. El cumpleaños de Leo

- Se llama Pepe.
- Respuesta libre.
- Respuesta libre.
- Respuesta libre.
- Respuesta libre.
- 8, 9, 10, 11, 12, 13, 14, 15.
- Propuesta de solución: una bicicleta, una muñeca.
- Erre con erre, guitarra; erre con erre, carril. Rueda, la rueda que rueda; la rueda del ferrocarril.

Unidad 3. La clase de música

- Propuesta de solución: Hay cuatro cuadernos, muchos libros, tres mochilas, una guitarra y dos estuches.
- Respuesta libre.
- Respuesta libre.
- Hay 15 estudiantes.
- Respuesta libre.
- 17, 18, 19, 20, 21, 22, 23, 24, 25.
- Propuesta de solución: jugar y cantar.
- Propuesta de solución: guitarra, maracas, tambor.

Unidad 4. La casa de Leo

- Lola vive en un piso.
- Propuesta de solución: Es grande y tiene jardín. Tiene 3 habitaciones, una cocina, un salón y un cuarto de baño. Tiene garaje y una escalera grande.
- Respuesta libre.
- Respuesta libre.
- Respuesta libre.
- El tío Calavera baila y escucha música.
- Jaleo está en la habitación de Sara, encima del ordenador.
- Está en el pasillo.

UNIDAD 5. LOLA "MINICHEF"

1.

4.

- **Alimentos dulces**: galletas, caramelo, helado, tarta.
- **Alimentos salados**: queso, atún, pan, huevo.

5.

- Quiero un bocadillo de queso y tomate.
- Pablo quiere un caramelo de fresa.
- Leo, ¿quieres un batido de mango y plátano?
- Quiero un helado de chocolate.
- Curro quiere unas galletas y un vaso de leche.
- Mamá, queremos tomar un yogur.
- Sara, ¿quieres comer una manzana o un melocotón?
- Lola quiere un zumo de naranja.

9.

10.

1. - Lola, ¿te gustan los batidos de fresa?
   - Sí, me encantan.
2. - Pablo, ¿te gusta el yogur de piña?
   - No, no me gusta. Es ácido.
3. - Curro, ¿te gusta la pizza?
   - Sí, me gusta mucho la de cuatro quesos.
4. - Leo, ¿te gustan las galletas de chocolate?
   - Sí, ¡me encantan!

11.

a. No me gustan los plátanos.
b. ¿Te gusta la sandía?
c. Me gusta el chocolate.
d. ¿No te gustan las fresas?

12.

13.

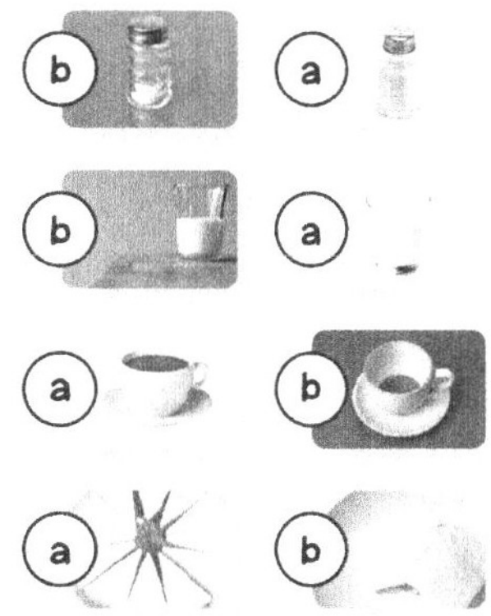

a. Hay mucha sal en el salero.
b. Hay poca sal en el salero.

a. En el vaso hay mucha leche.
b. En el vaso hay poca leche.

a. Hay mucho cacao en la taza.
b. Hay poco cacao en la taza.

a. En el plato hay mucho queso.
b. En el plato hay poco queso.

- Hay poca sal en el salero.
- En el vaso hay mucha leche.
- Hay poco chocolate en la taza.
- En el plato hay mucho queso.

14.

	Necesitar	Beber	Querer	Añadir
Yo	necesito	bebo	quiero	añado
Tú	necesitas	bebes	quieres	añades
Él/Ella	necesita	bebe	quiere	añade
Nosotros	necesitamos	bebemos	queremos	añadimos

15.

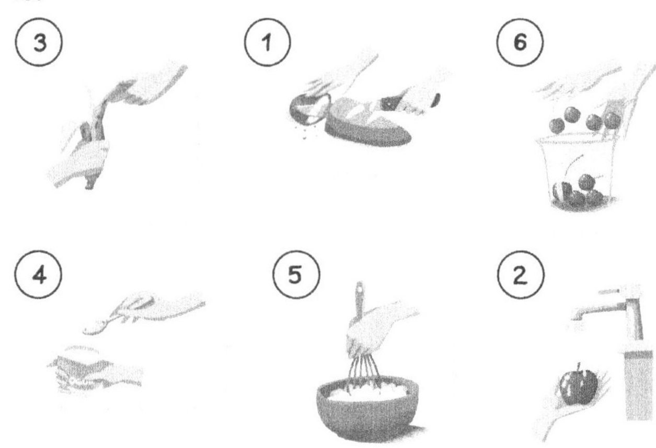

16.

Yo – yo	
Yo	cort<u>o</u>
Yo	lav<u>o</u>
Yo	pel<u>o</u>
Yo	añad<u>o</u>
Yo	bat<u>o</u>
Yo	met<u>o</u>

17.

1. Lavamos, cortamos y pelamos la fruta.
2. Metemos los ingredientes en la batidora.
3. Añadimos azúcar y leche.
4. Batimos y servimos el batido en un vaso. ¡Qué rico!

18. Fresa, plátano, frambuesa, manzana, pera, uva.

19. Cereza, zumo, manzana, taza, azúcar, almuerzo, arroz.

UNIDAD 6. LA TIENDA DE MASCOTAS

1.

2.

(a)

(a)

(b)

(b)

(c)

(c)

4.

a. Este pez es muy bonito.
b. Mi gato tiene el pelo corto.
c. El loro es muy simpático y tiene muchos colores.
d. Tengo dos perros: uno grande y otro más pequeño.

7.

pico amarillo

pico negro

bigotes largos

bigotes cortos

orejas grandes

orejas pequeñas

cola larga

cola corta

8.

1. Tengo plumas de muchos colores y un pico pequeño. Soy el loro.
2. Tengo la cola larga y bigotes. Soy el gato.
3. Tengo aletas y me gusta el agua. Soy el pez.
4. Tengo las orejas grandes y me gusta el queso. Soy el ratón.

9. Es un perro.

10.

1. Hay una fiesta en la tienda de mascotas. (Verdadero)
2. El loro baila muy bien. (Falso)
3. El perro y el gato comen. (Falso)
4. El pez hace ¡miau, miau! (Falso)
5. Los animales mueven las colas. (Verdadero)
6. Los animales bailan todos a la vez. (Verdadero)

11.

a. No me gustan estas ranas.
b. Este gato es muy simpático.
c. Esta tortuga tiene el caparazón grande.
d. Estos loros son muy bonitos.
e. Me gusta este conejo blanco.
f. Estos peces son muy pequeños.

12.

1. Los gatos son diferentes. Este gato tiene la cola muy larga y este tiene la cola muy corta.
2. Esta rana tiene los ojos muy grandes.
3. En la imagen 1 hay dos cobayas y en la otra hay una cobaya.
4. Este conejo tiene una oreja.
5. Las tortugas son diferentes. Esta tortuga es grande y esta tortuga es pequeña.

6. Este loro tiene el pico pequeño y este loro tiene el pico grande.
7. Este pez es diferente, es verde.

13.

- ¡Adopta una mascota! Este gato es muy bonito, tiene los ojos azules, bebe leche y busca un lugar para vivir.
- Para adopción. Estos cachorros viven en la calle y buscan una casa. Son muy bonitos/suaves/marrones/pequeños, tienen los ojos negros, el pelo corto y comen pan/arroz/pienso.

15.

a. Cuchara

d. Mochila

b. Cachorros

e. Churros

c. Leche

16. Propuesta de solución:

- Un nombre: Chavela
- Un número: ocho, dieciocho, veintiocho
- Una cosa dulce: chocolate
- Un objeto: coche

EL MUNDO DE LOLA Y LEO

Unidad 0

1. Se llama Rosa.
8. Se llama Felipe.
15. El sofá de Lola es azul.
22. Los hermanos de Lola se llaman Curro y Pablo.
29. Leo es de México / es mexicano. Leo es de Puebla.
36. Es amarilla y roja.
43. El abecedario español tiene 27 letras.

Unidad 1

2. Lola es de España / es española. Lola es de Sevilla.
9. Es una carta.
16. En una heladería.
23. El abuelo de Lola bebe café.
30. Lola come un helado de fresa.
37. La piruleta de Curro es naranja.
44. Jaleo es blanco, negro y marrón.

Unidad 2

3. En la tarta de Leo hay diez velas.
10. Hay una bicicleta, un patinete y un coche/carro de policía.
17. Chavela es la abuela de Leo y de Sara.
24. La piñata es roja, blanca, verde, lila y amarilla.
31. Toca una guitarra.
38. Leo es el primo de Lola.
45. La madre de Leo es de México / es mexicana.

Unidad 3

4. La clase de música.
11. Hay una guitarra, unas maracas, una flauta, un tambor, una trompeta y un violín.
18. Lola escribe con un lápiz.
25. Hay cuatro lápices de colores, dos tijeras, unas maracas, unas castañuelas y dos flautas.
32. *El twist de la goma.*
39. En la clase de Lola hay muchos libros.
46. Lola recorta el papel con unas tijeras.

Unidad 4

5. La familia de Leo vive en una casa.
12. Sí, la casa de Leo tiene patio.
19. Chavela trabaja en el jardín durante la semana.
26. Está en la sala (salón).
33. Hay una fuente y muchas plantas.
40. Carlos come y ve el fútbol/ve la tele.
47. *El juego de la oca* está debajo de la cama.

Unidad 5

6. Están en la cocina.
13. El zumo es una bebida.
20. El azúcar es dulce.
27. Pablo come un bocadillo.
34. Hay manzanas, fresas, moras, frambuesas y sandía.
41. La leche es blanca.
48. Tiene un plátano, seis fresas, otras frutas, un vaso de leche y azúcar.

Unidad 6

7. Leo y Sara están en la tienda de mascotas.
14. Hay peces, ranas, cobayas, conejos, gatos, loros, perros y una tortuga.
21. La mascota de Leo es un gato. Se llama Jaleo.
28. Un conejo es pequeño, suave y tiene las orejas grandes.
35. Los loros tienen plumas.
42. Hay 16 peces.
49. Es una tortuga.